私が変われば
世界が変わる

●学生とともに創るアクティブ・ラーニング

花園大学アクティブ・ラーニング研究会 編

中 善則・秦美香子・野田光太郎・師 茂樹・
山中昌幸・西澤直美・角野綾子・丹治光浩 著

ナカニシヤ出版

はじめに

　大学教育のなかで，今，アクティブ・ラーニングが注目を浴びている。従来の講義中心の授業から，学生が能動的に学修への参加を取り入れた学習法への転換である。文部科学省も，大学教育の改革の一環として，その導入を推奨している。

　私たち，花園大学アクティブ・ラーニング研究会は，学生が夢中になって課題に取り組む参加型の授業をつくりあげたいと願う花園大学の教職員が集う研究会である。教員はそれぞれ，本来の研究テーマは異なり，講義科目も多様であるが，授業に関して共通する目標のもと，学生との学びを豊かなものにしたいという思いでつながっている。その目標とは，現実社会に適応し，たくましく競争社会を生き抜く人間を育成するためのトレーニングとしてのアクティブ・ラーニングではなく，だれもが不幸にならない，あたたかく人間的な品位ある社会をつくるために，私たちは何ができるのかを議論し，活動し，考え抜くアクティブ・ラーニングを追求しようというものである。また，本研究会には，事務職員もメンバーとして加わり，同じ目標のもと，教員との垣根を越え，職員ならではのできることも加味し，学生の成長を期して，共に議論している。

　アクティブ・ラーニングを実践するにあたって，華々しい見事な実践報告からも学ぶことも多いが，ただ，現実の授業においては，すぐに学生が仲間と議論し合い，活発に活動を始めるというふうにはなかなか進まない。そこで，本書は，アクティブ・ラーニングを，これから実践してみようという教員や大学職員に，どのような手立てから始めれば，学生が少しずつでも動き始めるかのヒントとなることを願って，編集したものである。

　ここで，あらかたの本書の概要を述べておく。まず，第１章は，理論部分にあたるものとして，私たちの追求するアクティブ・ラーニング像を，国の答申等を批判的に検討しながら明らかにする。私たちの目指すそれは，「だれもが困らない」社会づくりのために仲間とともに学んでいくのだということを土台・前提とした学び，すなわち，人権を最優先することを立ち位置とするものである。そして，授業過程でこだわるべきことは，「対話」と「活動」であることを示し，二つの提案（提案Ⅰ：「対話」を生み出すしくみを組み込んだ授業をつくりましょう。提案Ⅱ：「活動」を組み込んだプロジェクト型の授業を構想しましょう）をしたい。

　続く第２～５章では，花園大学で，2012～2014年度にかけて実践した７つの科目の実践を紹介する。ただし，正確な実践記録としてまとめるのでなく，読者が，これから実践を始める際の参考となるように，実践するうえでの悩みや失敗，あるいはちょっとした成功の秘訣など，だれもが「よし，やってみよう」と思えるように，授業の進め方やワークシート等，スキル面を中心に，実践のヒント集という面持ちで記述するように心がけた。実践例は，「対話」をメインにしたものと「活動」をメインにしたもの，そしてその両方を授業目標においたものに分けて紹介する。

　まず，第２～３章は，「対話」編として構成した。第２章は，授業過程における「対話」の方法を例示した。ここでは，授業時間中に，あるいは授業のしめくくり時に，学生間および教員－学生間で活性化された「対話」によって，学生の学修にどういった効果が期待できるかを検討している。授業中のペアワークや，授業のふりかえりとしてのリフレクションによって，学生が自信をつけたり，授業に主体的に参加している実感を得たりする様子が見て取れる。

第3章は，授業のテーマの核心に迫る話し合いをより豊かに成立させるために，今，脚光を浴びているICT（information and communication technology）を活用した，双方向の「つぶやき」授業を紹介する。教員と学生が，授業進行と並行して，感じたことをGoogleドライブのフォーム機能を通してつぶやき，それをスクリーンに映して交信するものだ。声を大にして発言しなくても，議論に参入できるこの試みは，対話の深め方に新たな可能性を感じさせてくれる。

　第4～5章は，「活動」編である。そのうち第4章で紹介する授業は，本格的に企業とコラボレーションして，社会に役立てる商品開発をめざすプロジェクト型授業である。学生は学外へマーケティング調査を行い，企業側ともやりとりしながら，講義最終回での商品開発プレゼンテーションに臨んだ。学生たちは，やり遂げた充足感でいっぱいのようであった。就職課ともタイアップして進めた，企業との協働授業のノウハウを記したい。

　第5章は，「対話」と「活動」の両面を意識した実践である。この実践は，「いじめをなくすためのアクション」を，グループで行うことを通じて生徒指導の本質を理解することが目標のプロジェクト型授業である。活動（アクション）を実現するためには，グループでの議論を繰り返す必要がある。そのため，議論を成立させるための指導を，まず，重点的に行い，議論成功のための必須事項を学生と確認していった。また，毎授業終了時，その時間の「ふりかえり」を丁寧に行った。その結果，どのグループも対話が深まり，活動をやり遂げることができたのである。どのような手立てを用意すれば，対話ができるグループになるのかを中心に実践の成果とこれからの課題を述べる。

　以上，4章の実践の記録が，これからアクティブ・ラーニングを始めようと考えられている教職員の皆さまの参考になれば幸いである。なお，第4章中には，当研究会のメンバーである事務職員のコラムも掲載し，「教職協働」のあり方についての論稿も加えているので，事務職員の方々にも是非，この本を読んでいただきたいと思う。

　しかしながら，私たちの研究はまだ緒についたばかりで，道半ばである。紹介した実践にもまだまだ課題が山積している。本書を手に取っていただいた読者に，ぜひ，ご意見・ご感想を，私どもにお寄せいただきたい。そして，これから，アクティブ・ラーニングによる豊かな学びを共に追求していきたいと願っている。当研究会への連絡をお待ちしている。

　最後に，株式会社ナカニシヤ出版編集部米谷龍幸さんには，本研究会の立ち上げから参画していただき，貴重なご助言をいただいてきた。本書の出版にあたっても，米谷さんの熱心なご協力で，上梓できることとなった。多大なご尽力に，謹んで感謝の意を申し上げたい。本当にありがとうございました。

中　善則

目　次

　　はじめに（中 善則）　*i*

第1章　大学授業の改善にアクティブ・ラーニングを！
　　　　　私たちの提案（中 善則） ——————————————————— *1*

　　1-1　アクティブ・ラーニングの本質を問い直す　*1*
　　1-2　私たちの目指すアクティブ・ラーニング　*4*
　　1-3　私たちの提案　*5*

第1部　対　話　編

第2章　対話とリフレクション
　　　　　教員と学生をつなぐ（秦 美香子・野田 光太郎） ——————————— *11*

　　2-1　はじめに　*11*
　　2-2　本章の特徴　*11*
　　2-3　「体育実技Ⅵ」の授業設計：対話　*16*
　　2-4　「マンガ研究入門」等の授業設計：リフレクション　*19*
　　2-5　受講生の感想と評価：対話に関して　*22*
　　2-6　受講生の感想と評価：リフレクションに関して　*25*
　　2-7　おわりに　*29*
　　【授業実施のポイント（要約）】　*31*

第3章　「情報と社会」におけるつぶやき授業
　　　　　ICTで社会とつなぐ（師 茂樹） ——————————————————— *33*

　　3-1　はじめに　*33*
　　3-2　「つぶやき授業」による授業実践　*36*
　　3-3　授業に対する評価　*45*
　　3-4　おわりに　*47*
　　【授業実施のポイント（要約）】　*48*

第2部 活動編

第4章 企業と協働した企画開発PBL
企業との協働（山中昌幸・西澤直美）――――51

- 4-1 プログラムの概要　*51*
- 4-2 特　長　*52*
- 4-3 プロジェクトの設計とそのポイント　*56*
- 4-4 実際の授業と授業のポイント　*59*
- 4-5 プロジェクト評価　*65*
- 4-6 参考資料　*67*
- 【プロジェクト学習実施のポイント（要約）】　*70*
- ●コラム　教職員の垣根を越えた「教職協働」によるアクティブ・ラーニング推進について：山中昌幸講師担当「企業協働の課題解決型プロジェクト授業」とかかわった事例から　*73*

第5章 「対話」と「活動」をくみこんだ
プロジェクト型アクティブラーニング（中 善則・角野綾子）――79

- 5-1 「生徒指導の研究」の授業概要と4つのステップ　*79*
- 5-2 「対話」で知を構築する　*84*
- 5-3 「活動」の成果と課題　*91*
- 5-4 実践の分析からみるアクティブ・ラーニングの成果と課題　*104*
- 【プロジェクト型アクティブ・ラーニングのポイント（要約）】　*111*

おわりに（丹治光浩）　*113*

索　引　*115*

第1章 大学授業の改善に
アクティブ・ラーニングを！
私たちの提案

● 中 善則

　大学の授業のあり方について，従来の，学生にとって受け身型の講義中心の授業から，学生が当事者として能動的に参加する授業（以下，アクティブ・ラーニング）への転換を目指す議論が盛んになってきている。全国の多くの大学で，アクティブ・ラーニングによる学びの成果が豊かに実り始めてきているようだ。

1-1　アクティブ・ラーニングの本質を問い直す

　これまでも，大学において学生を主体とする授業は，そのことを強く意識する教員によって，熱心に追求されてきた。加えて，近年，文部科学省もその実践を強く推奨するようになってきている。文科省の諮問を受けた中教審（大学分科会）が，平成24年8月に出した答申「新たな未来を築くための大学教育の質的転換に向けて—生涯学び続け，主体的に考える力を育成する大学へ（答申）」では，アクティブ・ラーニングを大学教育の教育方法の改善策として，その推進を訴えている。因みに，答申におけるアクティブ・ラーニングの定義は，以下の通りである。

> 　教員による一方向的な講義形式の教育とは異なり，学修者の能動的な学修への参加を取り入れた教授・学習法の総称。学修者が能動的に学修することによって，認知的，倫理的，社会的能力，教養，知識，経験を含めた汎用的能力の育成を図る。発見学習，問題解決学習，体験学習，調査学習等が含まれるが，教室内でのグループ・ディスカッション，ディベート，グループ・ワーク等によっても取り入れられる（中央教育審議会，2012：37）。

　では，国（中教審）は，どのような意図から，アクティブ・ラーニングの普及を目指しているのか，答申の記述から検討してみよう。答申では，日本の現状を，「グローバル化や情報化の進展，少子高齢化などの社会の急激な変化は，社会の活力の低下，経済状況の厳しさの拡大，地域間の格差の広がり，日本型雇用環境の変容，産業構造の変化，人間関係の希薄化，格差の再生産・固定化，豊かさの変容など（中央教育審議会，2012：1）」の構造的変化に直面しているとともに，「知識を基盤とする経営の進展，労働市場や就業状況の流動化，情報流通の加速化や価値観の急速な変化などが伴い，個人にとっても社会にとっても将来の予測が困難な時代が到来しつつある（中央教育審議会，2012：1）」と分析している。そんな状況のなか，大学に，わが国がさらに発展していくため，「国民一人一人が主体的な思考力や構想力を育み，想定外の困難に処する判断力の源泉となるよう教養，知識，経験を積むとともに，協調性と創造性を合わせ持つことのできるような大学教育への質的転換（中央教育審議会，2012：7）」を求めている。そして，その質的転換の鍵として，アクティブ・ラーニングが位置づけられているというわけである。

ところで、アクティブ・ラーニングは、どのような成果を学生にもたらすものと期待されているのだろうか。答申では、その意義を、以下のように説明している。

> 生涯にわたって学び続ける力、主体的に考える力を持った人材は、学生からみて受動的な教育の場では育成することができない。従来のような知識の伝達・注入を中心とした授業から、教員と学生が意思疎通を図りつつ、一緒になって切磋琢磨し、相互に刺激を与えながら知的に成長する場を創り、学生が主体的に問題を発見し解を見いだしていく能動的学修（アクティブ・ラーニング）への転換が必要である。すなわち個々の学生の認知的、倫理的、社会的能力を引き出し、それを鍛えるディスカッションやディベートといった双方向の講義、演習、実験、実習や実技等を中心とした授業への転換によって、学生の主体的な学修を促す質の高い学士課程教育を進めることが求められる。学生は主体的な学修の体験を重ねてこそ、生涯学び続ける力を修得できるのである（中央教育審議会, 2012：9）

私にとってもこの説明は納得できるものであり、今後、授業実践や理論研究を進め、アクティブ・ラーニングの成果を訴えていくつもりである。また、答申にあるように、大学が「未来を見通し、これからの社会を担い、未知の時代を切り拓く力のある学生の育成や、将来にわたって我が国と世界の社会経済構造や文化、思想に影響を及ぼす可能性を持つ学術研究の推進などを通して、未来を形づくり、社会をリードする役割（中央教育審議会, 2012：2）」を担う使命があることも肝に銘じたい。

しかしながら、私は、国の指向するアクティブ・ラーニング推進の根本的な考えに全面的に与するものでもない。ここで、私が考える答申等への批判点を2点、述べたい。

まず、1点目は、アクティブ・ラーニングによって何を学ぶか、もっとより根源的にいえば、何のために学ぶのかという点からの批判である。例えば、この答申後の平成25年5月に公表された、教育再生実行会議「第三次提言　これからの大学教育等の在り方について」では、「大学の学生を鍛え上げ社会に送り出す教育機能を強化する（教育再生実行会議, 2013：6）」ための方策の一つとして、アクティブ・ラーニングの導入を提言している。この提言を、一国の大局的な方針を示した文書であると解釈したとしても、「学生を鍛え上げるアクティブ・ラーニング」というアクティブ・ラーニングへの理解に違和感をもつのである。答申や教育再生実行会議の提言には、そもそも「私たちは何のために学ぶのか」という学ぶ者の立ち位置に関しての根本的な洞察がないと思わざるをえない。「知りたいことがある」「考えたいことがある」そしてその問題の解決のためには、他者の考えも聞きたいし、現実社会にもふれてみたい、そんな切実な願いが教員や学生にあって、その追究のために、アクティブ・ラーニングを採用するのだ。中教審の答申には、そんな学修への肝心かなめの根本についての認識が欠落しているといわざるをえないのではないだろうか。

次に2点目は、アクティブ・ラーニング推奨の後景にある教育観への批判である。答申では、アクティブ・ラーニングの必要性を、「このような時代に生き、社会に貢献していくには、想定外の事態に遭遇したときに、そこに存在する問題を発見し、それを解決するための道筋を見定める能力（中央教育審議会, 2012：9）」を育成する必要があるからだとしている。このように答申では、再三、「想定外の事態」・「予測困難な時代」という言葉を多用して、大学に時代の変化に対応できる能力をもつ学生を育成する教育プログラムへの改革を要請している。

また、高等教育は、当然のことながら、初等中等教育からの切れ目ない理念の継続性のもと実践されねばならない。この答申も、それらの学校との連携が謳われている。ならば、この答

申の正確なねらいも，現行の小学校，中学校，高等学校の学習指導要領の理念を見通さなければ読み取れないだろう。学習指導要領では，その理念を，「変化の激しい社会を担う子どもたちに必要な力は，基礎・基本を確実に身に付け，いかに社会が変化しようと，自ら課題を見つけ，自ら学び，自ら考え，主体的に判断し，行動し，よりよく問題を解決する資質や能力，自らを律しつつ，他人とともに協調し，他人を思いやる心や感動する心などの豊かな人間性，たくましく生きるための健康や体力などの「生きる力」を育むことであると記している（中央教育審議会，2010：8）。さらに，「生きる力」という目標を関係者で共有するに当たって重視することの一つとして，以下のように重ねて説明している。

> 変化が激しく，新しい未知の課題に試行錯誤しながらも対応することが求められる複雑で難しい時代を担う子どもたちにとって，将来の職業や生活を見通して，社会において自立的に生きるために必要とされる力が「生きる力」である（中央教育審議会，2010：22）

つまり，「いかに社会が変化しようとも」，個々人が自立し，自己責任を果たしていけるような人間を育てていくことが重要であると強調しているのだ。これらの議論からみえてくることは，いかなる社会状況であろうと，学生がその社会で，即戦力として参加，適応して生き抜いていく人材を育てるという新自由主義型の教育観が，アクティブ・ラーニング推奨の後景にみられるということである。もっと端的に表現すれば，アクティブ・ラーニングの手法で，この競争社会を勝ち抜く，〈私的（個人的）〉なスキルを獲得せよ，と答申は語っているのではないか，と読めてしまう。

ではこれらの批判を吟味しながら私たちの考えるアクティブ・ラーニング像を，簡潔に述べておこう。強調しておきたいことは，学生をアクティブに活動させる際，学生が現実社会にふれ，本気になってその課題の解決を図ろうと欲するようなテーマ設定が必要であるということである。アクティブ・ラーニングとは，教員と学生がもてる力を出し合い，今までにない，新たな社会——だれもが不幸にならない社会（あたたかく人間的で品位ある社会[1]）

を提示するために，「答えのない問題」を問い続け，考え抜いて，新たな〈共同的〉な知を構築していく学びの形である。行政側も私たちも，この現実社会をよりよくしたいという願いは共通していても，学問をするうえでのこの社会に立つ立ち位置の差を感じざるをえない。答申のアクティブ・ラーニング推進の文言からは，知識基盤型社会やグローバル社会のなかで，先頭にたって，効率的に社会を引っ張っていく日本人の姿が目に浮かぶが，少数の社会的弱者の立場に立ち，すべての人が安心して暮らせるために，市民として皆で力をあわせて社会のあり方を変革していこうとする学生を育てるのだというメッセージは浮かんでこない。私は，「なるべく多くの人の幸福」でなく，「だれもが困らない」社会づくりのために仲間とともに学ぶのだということを土台・前提とした学びを行う必要があるのだと思うのである。すなわち，人権を最優先することを立ち位置とするアクティブ・ラーニングの実践である。

---

[1]「人間的で品位ある社会」という言葉は，パウロ・フレイレの著書『希望の教育学』の一節からの引用である。筆者は，「私たちが目指す社会」をどのように表現すべきか考えた際，現状では，フレイレのこの表現がもっともふさわしいと考えている。この言葉は，エルサルバトルの政治運動のリーダーが，フレイレに，エルサルバトルを「もっと邪でない，もっと不公正でない，もうちょっと，もうちょっと人間的で品位ある社会に，それを変えていかなければならない。その変革の事業に自分たちも加わりたい」と，語ったものとして記されている（フレイレ，2001：279）。

1-2　私たちの目指すアクティブ・ラーニング

　私たち花園大学アクティブ・ラーニング研究会のメンバーが所属する花園大学は，臨済禅を建学の精神とする（世界で唯一の）大学である。「建学の精神・基本理念」の具現化として，教堂設立の際に下のような「教堂の祈り」を宣明している[2]。この「祈り」は，高らかに，人権を守り，福祉を向上させる世界市民たることを誓う宣言だ。前節で示した私たちの目指す学びの原点がここに述べられている。

> **花園大学教堂（きょうどう）の祈り**
>
> 願わくばわれらは常に
> 万人平等に具（そな）えられし仏心を見失わず
> 世界の平和を願求（がんぐ）し　暴力に訴えず
> 自らを内省して我欲を制し
> 個人の幸福が人類の福祉と調和する道を歩まんことを
> これに圧する邪悪な心に動かされ
> 尊厳なる人格を侵す者には
> それを諫（いさ）め拒む勇猛を持ちつづけんことを
> この尽きざる願心（がんしん）と限りなき信根（しんこん）と
> 深き慈愛をもって国土と人類社会を荘厳（しょうごん）し
> 生かされていることへの感謝と共に
> 仏祖（ぶっそ）広大の慈蔭（じいん）に酬（むく）いんことを
> 謹んで祈る

　また，花園大学は，教学の目標を「己事究明」，つまり，自分で自分自身を究明する人間を育てることとしている。このことを，私は次のように理解している。つまり，自分自身を究明するには，厳しい自己修養を行い，自身との誠実な自己内対話が必要である。幾多の苦難を乗りこえて，この己を極めて行く道しかない。しかしながら，自己内対話を充実させるためには，他者とともにあること，つまり他者とともに，対話し，知を構築してゆく営みがどうしても欠かせない。他者とともに，この世界をよりよくしたいという願いをもって考え抜き，語りあい，学びあうことが必要であると考えるのである。言い換えれば，だれもが不幸にならない社会（あたたかく人間的で品位ある社会）づくりのために，考え，生きる人となることともいえよう。教育目標としての「己事究明」とは，すこぶる個人的な修養と受け止められがちだが，私たちは，よりよい社会をつくるための市民性の育成に他ならないと考えるのである。市民性の育成に関する詳細な考察は，本書で行う余裕はないが[3]，その育成には，当然，アクティブ・ラーニングの手法が有効であり，特に私たちは，仲間と考え抜くこと，つまり「対話」を重視したアクティブ・ラーニングにこだわりたいと思っている。

---

[2] 花園大学 HP「教堂の祈り」〈http://www.hanazono.ac.jp/about/etc/kyoudounoinori（2014 年 12 月 19 日最終確認）〉。
[3] 筆者は，市民性をどう育成できるかの考察を，実践とともに続けている。学校教育のすべての活動の軸にシティズンシップ教育の理念を据えることが必要である。民主主義社会を強化する市民性を育成するために，①社会的課題について考察する際，まず最優先すべきことを考え抜くこと，②よりよい社会のあり方を考え，活動すること，③リフレクションを重視したプロジェクト型学習を構想すること，が重要であると考えているのである。例えば，中（2012）などを参照されたい。

それでは，他者と対話するとは，どのようなことか。特に，ディベートとの違いはどこにあるのだろうか。このことに関しては，「他者との対話」のありようについて述べた佐伯胖の論考がとても参考になるので，やや長いが，以下に引用する。

> 　（さきに），フランスの科学的犯罪捜査法を教える学校の教室のスローガンとして，「眼は，それが探し求めているもの以外は見ることができない。探し求めているものは，もともと心の中にあったものでしかない」という格言をとりあげ，まっさらに真実を見極めることの困難さ（むしろ，不可能さ）を指摘した。しかし，考えてみると，これは「一人で探究している」状況が前提になっている。多くの眼で探し求め，多くの心の中にあったものを出し合えば，真実，すなわち，What is true に行き当たるかもしれないのである。
> 　もっとも，他人の眼で見たことを知ったり，他人の心の中を垣間見たりしても，それを「自分がみたこと」や「自分の心にあったこと」と照らし合わせて「評価」していたら，そこからは何も新しい What is true は浮かび上がってこないだろう。
> 　そうなると，「対話する」ということも，相手の意見に同意するとか反対するという，「自分の考え」を基準にして相手を「評価」するという対話では何も生まれない。ここはどうしても，「相手」の考え，見方，見え方をそっくり取り込む——むしろ，相手に「乗り移る」——ようにして，相手の考えが発生するモト（原因）の立場に立って聴き入る，という関わりがなければならない（佐伯, 2013：10-11）

　この佐伯の論考から，議論の相手をねじ伏せるディベートとの違いがよくわかる（もちろん，ねらいを限定的に明確にした場合，ディベートの効用も大きいと考えている）。私たちは，教室でこのような質の対話の実現に向けて模索すべきではないだろうか。要するに，私たちが志向するアクティブ・ラーニングは，（相手を論破するものでなく）相手とともに，互いを認め合いつつ，知を構築していくといった「対話」を重視するものになる。学生と教員，学生どうし，そして教室と学外の人々をつなぐ対話のあり方をさぐりたい。
　以上，前節で記したことも含めて，私たちが理想とする授業を改めてまとめてみれば，教室の仲間と（加えて，教室空間外の人々とも），まず相手の立場にたって，相手の考えに聴き入ること。次に，その過程を通して，自己に語りかけ，仲間とともに，人権を土台としただれもが困らない社会のあり方を考え抜くといった授業になる。そして，さらに，仲間と打ち立てたその知を，現実社会へ向けて発信したり，問題の解決に向かって実際に活動する，そんな社会に開かれた対話を重視したアクティブな学びとなろう。仲間や専門家・住民などと協同して紡いだ「知」を活用し，現実社会へ立ち向かい，新たなまだ立ち現われていない理想社会を想像し，創造していくのである。つまり，私たちの目指すアクティブ・ラーニングは，社会の要請どおり学生を鍛え上げるためのスキルとして存在するのではなく，よりよい社会を創造するために考え抜く人間を育てる教育の方法として存在するのである。

1-3　私たちの提案

　本節では，実際の実践を意識しての具体的な提案をしていく。ただし，その前に，本書でのアクティブ・ラーニングの定義を，あらためて明確にしておきたい。それは，一つの講義科目のなかで，学生の諸活動を単発で行うのではなく，授業の最終的な目標を実現するために，講義期間全般で，学生の能動的な諸活動を計画的に実施するものとしておく（回数は特に問わない）。

図 1-1　対話を行う学生

　また，ここで，もう一度，アクティブ・ラーニングの必要性を述べておこう。一般論をいえば，「講義型」では，教員の捉えによる「○○学理論」が，学生に注入される恐れがあろう。もちろん，教員の今までに蓄積してきた学問の体系を，効率的・系統的に学べるという大きな利点があるのだが，「知」とは，そのように誰かから一方的に示され，受け入れるものだとは私は考えていない。また，「講義型」は学生どうしの意見の交信も行いにくいし，受け身の学修になりがちなため，学生自身の追究課題が明確にならないのが実情である。それゆえ，たとえ100名を超える受講生を抱える大学授業においても，教育方法の改善が必要であると考える。学生の主体性を重視する方法として，「個別研究」も考えられようが，この方法は，主体性は大いに発揮されるものの，他の学生や専門家などとの交信が時間的・方法的に保障されないため，多数の受講生が存在するという値打ちを台無しにしてしまう。そこで，「アクティブ・ラーニング」による授業づくりが必要になる。

　アクティブ・ラーニングは，もちろん，多様なあり方が存在するが，私たちが，とくに大切にしていることは，授業過程に「対話」と「活動」を組み込むことである。その両方を一つの講義科目で組み込むことが理想だが，授業内容や学生の人数・実態などに応じて，どちらかにより重点を置いた取り組みになることもありえよう。要は，指導者側が臨機応変に，しかし目的を明確にして授業を構想することが重要である。

　私たちの提案は，次の2点である。

> 提案Ⅰ：「対話」を生み出すしくみを組み込んだ授業をつくりましょう。
> 提案Ⅱ：「活動」を組み込んだプロジェクト型の授業を構想しましょう。

①提案Ⅰ：「対話」を生み出すしくみを組み込んだ授業をつくりましょう。

　前節で，「対話」の意味を，佐伯の論稿を引いて考察した。読者の方もその重要性は，納得されていることだろう。しかし，いざ，授業を担当する場合，どのようにすれば議論が活発にできるのか，たいへん，悩ましい問題である。「さあ，話し合いなさい」と場を設定さえすれば，すぐに「対話」が生まれるというわけではないからである。それゆえ，実際には，「対話」を生み出す集団をつくる工夫が重要になってくる。いわば，ティーム・ビルディングが必要なのだ。そこで，提案Ⅰとして，「対話」を生み出すための丁寧な取り組みを紹介する。授業受講者は，グループでの話し合いが大好きで，肯定的なイメージをもっている学生ばかりではない。互いに学部，学年も違い，名前すらわからないという状況で，講義がスタートする。さらに，教員と学生も，初めての顔合わせということが大半である。そういった状況から，「対話」が生ま

れる状況にまで集団を高めるには，越えるべき山がたくさんある。本書で取り上げる実践例は，その山を少しずつ丁寧に登った実践である。

各々の実践の詳細は，次章以降にゆずるが，対話がなせる教室空間とするためには，さまざまな仕掛けを工夫しなくてはならない。例えば，第3章では，「つぶやき授業」という学生と教員の双方向の対話を開いた実践を紹介する。SNS（social networking service）を「公的」に利用した実践である。しかしながら，対話が成立していくためには，まず，学生が安心できる授業空間をつくりだすことが必要かもしれない。学生どうしがつながることによって，あるいは学生と教員の間に信頼関係が築かれることによって，学生は自信をもって主体的に学修に取り組むことができる。そこで，第2章では，授業時間中のコミュニケーションを活性化させる工夫や，授業のしめくくりとしてのリフレクションの取り組みなどを紹介する。

また，グループ討議が成立するためには，グループ討議成立のための必須条件を，学生に指導する必要がある。例えば，グループ討議に，「積極的に参加すること」「相手の話を共感的に聞くこと」「すべての作業を協力的に行うこと」などである。そのような条件を，学生と確認し合い，さらに毎時間，自分や班員がどれくらいそれができたのかを，丁寧にふりかえる工夫やその時間の確保が重要である。第5章で，その点についての検討を行いたい。

②提案Ⅱ：「活動」を組み込んだプロジェクト型の授業を構想しましょう。

次いで，提案Ⅱとして，「活動」を組み込んだプロジェクト型の授業構想づくりを紹介する。この授業スタイルのきわめて優れている点は，社会的課題などのテーマを設定し，その解決に向かって，実際に現実社会に出向き，何らかの「活動」を行うことで，学習する目的が明確になり，対話が深まりやすい点である。プロジェクト学習というのは，唐木清志によると，4段階，つまり，「課題把握」➡「課題分析」➡「意思決定」➡「提案・参加」の流れをたどり，地域社会などの課題の解決を目指す学習である[4]。また，それぞれの段階で，「読む」「書く」「為す」「話す」など，そのレベルに応じた適切なリフレクションを丁寧に行い，次の段階へ進めていくことが特徴である。

ここで，プロジェクト学習が継続，発展していく様を，図1-2に示したように，教員と学生が力を合わせて運行する汽車に例えて確認しておこう。プロジェクト学習の学習過程は，社会的課題の解決という目的地（駅）に向けて，4つの学習段階をリフレクションという車輪をフルに回転させ，車両（学習課題）を，現実社会へ向け疾走させていくようなものである。しかも，このような学習は，いったん，課題が解決したとしても，また新たな発展的な課題が生ま

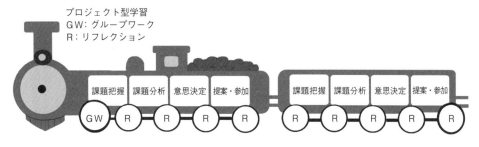

図1-2　プロジェクト型学習イメージ図

4）唐木清志は，日本において，子どもの社会参加を促す学習を，社会科などで実践していく必要性を主張している。そして，その学習プロセスを，本文中に記したような4段階から構成されるプロジェクト型の学習構想で行うことを提唱している。唐木（2008：64-68；2010：329-330；2006：178-189）などを参照のこと。

れ，探究活動が次々と生まれてくる。まるで，車両を新たに連結し，次なる路線へ向けて運行を続けていく汽車のように。

　そしてこのような学習過程を経ていくなかで，学生たちは，この社会を少しでもよりよく変革するには，何にこだわり，何を徹底的に考える必要があるのか，あるいは，だれに出会いを求め，だれに対して行動しなければならないかを，夢中になって考えることだろう。また，そのために学生は自ずから，話し合いを本当に必要に迫られたものとして進めていくことだろう。このように，本物の現実と向かい合わざるをえないプロジェクト学習は，いわゆる「這いまわる」体験学習ではなく，自分たちで，構築した知を本気になって社会のために活用し，行動するアクティブな学びとなるのである。それゆえ，対話を深めるためにも，そして，現実社会を変革していくという本物の学びのためにも，「活動」を組み込んだプロジェクト型の授業は極めて有効なのである。4～5章で，そのようなプロジェクト型の授業の実践例を記したい。

【謝　辞】
7頁の図1-2イラストは花園大学創造表現学科の奥田千綬さん（原案），平原千裕さん（作画）によるものである。記して感謝したい。

【引用・参考文献】
唐木清志（2006）．社会科における社会参加学習の展開　日本社会科教育学会出版プロジェクト［編］　新時代を拓く社会科の挑戦　第一学習社
唐木清志（2008）．子どもの社会参加と社会科教育　東洋館出版社
唐木清志（2010）．アメリカ公民教育におけるサービス・ラーニング　東信堂
教育再生実行会議（2013）．第三次提言　これからの大学教育等の在り方について　平成25年5月
佐伯胖（2013）．「問う」とはどういうことか　教育と医学　12月号（726号）
中央教育審議会（2010）．「幼稚園，小学校，中学校，高等学校及び特別支援学校の学習指導要領等の改善について（答申）」平成20年1月
中央教育審議会（2012）．新たな未来を築くための大学教育の質的転換に向けて—生涯学び続け，主体的に考える力を育成する大学へ（答申）　平成24年8月
フレイレ，P.／里見　実［訳］（2001）．希望の教育学　太郎次郎社
中　善則（2012）．社会科における社会参加学習のあり方に関する一考察—中学社会　公民分野　新単元「よりよい社会をめざして」の授業構想試案　大阪教育大学社会科教育学研究第11号

第 1 部

対話編

第2章 対話とリフレクション
教員と学生をつなぐ

● 秦 美香子・野田 光太郎

2-1 はじめに

　本章は，他の章とは構成が少し異なり，二人の著者による別々の授業事例をあわせて考察したものである。

　秦が花園大学アクティブ・ラーニング研究会に参加し，野田にその様子を紹介していたとき，自分たち自身の授業は学生にとってアクティブ・ラーニングになっているのか，という話になった。互いがどのような授業をしているのか話してみて，野田は主に授業時間中の「対話」を，秦は授業時間終了前後の「リフレクション」を工夫しているといえそうだ，ということがわかった。もしかして，その両方を組み合わせれば，効果的な授業になるんじゃない？と調子に乗った私たちは，授業の形態や内容はまったく異なるとはいえ，本書で両事例を"合わせ技"として紹介させていただくことにした。

　この（いいかげんな？）経緯からも明らかな通り，私たちがここで紹介する授業事例は，けっして模範的なものではないし，その手法も，新奇なものではない。多くの授業であたりまえにされていることでしかない。そんな程度である「対話とリフレクション」という方法が，いかにして本書のいう「アクティブ・ラーニング」の土台となるのかを語るのが，本章の真の目的である。

　読者の諸先生方には，本章を読むことで，自身がされている授業実践こそがアクティブ・ラーニングの手法といえるのだということをご確認いただければ（そして，「こんなのがアクティブ・ラーニングを名乗れるなら，自分のやっていることは「ハイパー・アクティブ・ラーニング」だ」などの自信をもっていただければ）何よりである。また，授業をまだほとんど担当されたことがない新人の先生方や，ペア／グループ・ワークの苦手な先生方，もしくは授業のふりかえりをあまり取り入れてこられなかった先生方には，本章の内容が多少なりとも参考（または反面教師）になればうれしい。

　以下，2-2では「対話」と「リフレクション」というキー概念について，先行研究の知見を参照しながら概観し，こうした手法による授業の特徴について述べる。続く2-3, 2-4では，2授業の設計について紹介する。2-5, 2-6は，受講生の感想と評価を基に，授業の意味を論じる。具体的な授業実践の手法を知りたいという方は，次の2-2は読み飛ばされてもかまわない。

2-2 本章の特徴

①対話とリフレクション

　たとえば杉原（2007）は，たんに教室内で意見を交わさせる程度で「対話」ができたと満足してしまうことや，「あたかも対話によりすべてが解決するような錯覚に陥って」しまうことを批判している（杉原, 2007: 53）。本章は，ひょっとしたら，こうした錯覚にとらわれている事例

のようにみえるかもしれない。換言すれば，ちょっとした介入やツールの使用によって，互いに共感し合い，理解し合うことが半自動的に可能になるかのように書かれていると思われるかもしれない。

　しかし私たちが考えているのはそういうことではない。基本的には他者同士が「通じ合う」ことなどなく，互いに理解しようとする努力だけが実現可能なのであり，その努力のただなかで，他者との関わりに反射される形で自分自身について理解していく，その全体のプロセスを，本章では「対話」と呼んでいる（また，これはおそらく，本書全体を通して議論される「対話」と合致しているのではないかと思う）。そして，この意味でいう「対話」のなかで，とくに自分自身（ここでは学習者自身の学習内容や成果）を（リフレクシヴに）理解する過程を「リフレクション」と呼ぶ。

　これだけでは，とくに「リフレクション」についてはまだ誤解を招くおそれがあるので，もう少し詳しく考察しておきたい。「リフレクション」は教育をめぐる言説だけでなく，看護学などをはじめとして人文社会科学のさまざまな分野で使われている概念であり，その定義は一様ではないことが武田・村瀬・会沢・楠見（2007）によって指摘されている。教育分野の議論のなかでみられる最もシンプルな使用法は，教師や学習者による授業などの「ふりかえり」行為を指す語としておおざっぱに使用される場合である。しかし，意識的にこの語が使用される場合の多くは，たんに授業や学習の内容を反省する，という以上の意味をこの語に見出している。その例として，社会学の議論と教育分野（教育学・教育工学・教育心理学など）の議論を，とくに両者の共通するところに言及しながら，概観したい。

　社会学のなかで語られるリフレクションは，社会学的な知のあり方自体を批判的に問うた「リフレクシヴ・ソシオロジー」をめぐる議論もあるが，ここではコミュニケーションに焦点を置いた議論を参照しておきたい。野村一夫によれば，リフレクションは他者理解を媒介した言語的な自己理解である（野村, 1994=2014）。私たちは，コミュニケーションのなかで，ある身ぶり（とくに音声的な身ぶり）と意味の対応関係を学んでいく。その際に学ばれる「意味」は，他者との関係のなかでそのつど生起するものでしかあり得ない。したがって，自分の身ぶりに対する「意味」であっても，「自分自身をあたかも他人を見るかのように捉え返すこと」によって解釈が可能になるのであり，つまり，「この場合に理解される自己とは，他者としての自己である」（野村, 1994=2004）。

　次に，教育学の先行研究をみてみよう。武田・村瀬・会沢・楠見（2007）では，事例をもとに，リフレクションが授業のなかで行われる際の受講者の認知的プロセスの一例を，(a) 他者観察や他者経験の傾聴にもとづく他者理解，(b) 他者からのフィードバックによる内省と自己洞察に基づく自己理解，(c) 自己経験の言語化と他者への伝達，とまとめている（武田・村瀬・会沢・楠見, 2007: 32）。これは野村（1994=2004）が指摘する，主体形成のロジックとしてのリフレクションの過程，すなわち他者との対話のなかで行われる自己規定（≒自己変革）に共通しているといえるだろう。また，教育関係における相互作用を，コミュニケーションの行為遂行的側面に注目した言語行為論の視点から事後的に振り返らせる，教員側のリフレクションについて論じた山口（2004; 2007）においても，コミュニケーションのなかで行為遂行的にやりとりされる意味を，その行為のただなかで把握し，教員のふるまいを調整することが目指されている。こうしたリフレクション理解も，野村（1994=2004）や武田・村瀬・会沢・楠見（2007）がいうリフレクションと共通したものである。

　これらの議論をもとに考えると，自己のふるまいを遡及的に理解するなかでパフォーマティヴに自己を構築する行為がリフレクションであるといえる。これを本書のねらいとあわせて考

えると，学生同士のやりとりや教員と学生の間のやりとりを通して，学生自身が自己をリフレクシヴに理解し，作りかえていくこと，またそれを教員が誘導するのが，授業実践におけるリフレクションであるといえるだろう[1]。

私たちの授業実践自体，リフレクシヴな理解の過程のなかで行われているものといえるだろう。日々の授業のなかで，個別の学生の反応や学習状況に反射される形で自身の授業の意味を解釈し，その解釈をふまえて次の授業実践を行っているからである。したがって，2-3以降の内容は，私たちの授業実践についてのリフレクションを読者と共有しているものとしてお読みいただければ幸いである。

②本章で紹介する授業事例の特徴

[1] 授業中の対話とリフレクション

野田は，2014年前期（4月～7月）に「体育実技Ⅵ」の授業を実施した。シラバスに示した授業目的は，「バドミントンを通じて学生が心と身体の調和をはかるとともに，各個人が社会生活の中で自信をもって過ごせるよう相互のコミュニケーションをはかること」である。また，シラバスには明示していないものの，スポーツの将来的な活用，一例を挙げればファミリー・スポーツの重視（日下，2012）などという点も教育目標としている[2]。

西原・高橋・佐藤・生田（2007）に指摘されているように，大学体育は「最終的な社会と学校の橋渡し役として，生涯スポーツにつなげる最も重要な役割を果たさなければならない」（西原・高橋・佐藤・生田，2007: 4）。そして，テニス実技の授業についての板橋（2014）による研究では，満足度が高い授業によってテニスに対するよい印象が残り，生涯スポーツとして継続することが期待できると述べられている。こうした先行研究をもとに考えれば，受講生が，スポーツを生涯に渡って実践できるようになるには，また，将来的に家族などでスポーツ遊びを積極的に行い，大人や保護者として適切にスポーツに関われるようになるには，スポーツにまつわる肯定的な記憶を保持していること，それによってスポーツ自体を肯定的にとらえていること，そして，適切な知識を習得していること，が肝要であるといえるだろう。そこで当授業では，まずは授業時間内にスポーツを用いたコミュニケーションを積極的に行わせ，スポーツやスポーツを通して構築される人間関係について肯定的なイメージを構築させることをねらっている。

[2] 授業後に行われる対話とリフレクション：「マンガ研究入門」

秦は，2013年度の「マンガ研究入門」および2014年度前期（4月～7月）の「マンガ論」で紙（大福帳およびコメントシート）を，2014年度前期の「マンガ研究入門」でメールを，同時期の「マンガの現在」で学内SNSを，同時期のゼミでサイボウズLive（https://cybozulive.com）を用いて，リフレクションを試みた。

各授業の目的とねらいは以下の通りである。

「マンガ研究入門」は，主に1回生を対象に，マンガを研究対象として分析する基本的な訓練を行うものである。授業の目的は，コマ割りなどふだんは意識せずに読んでいるマンガ表現の特徴を自覚的に読むスキルを高めることである。日本のマンガは，物語内容と表現上の工夫が

---

1) またそれは，本学が目指す「己事究明」にもつながるものではないかと思われる。
2) ここでいう「体育」と「スポーツ」の違いを簡単に確認しておきたい。本章では，身体を教育するという意味で「体育」を，競技ごとのルールや規則の範囲内で行われる運動の総体という意味で「スポーツ」を用いている。

「図」と「地」のような関係として読まれていることが多い。週刊マンガ誌に掲載される1作品は山手線1駅分の所要時間（2～3分）で読めるように制作されている，という説もあるように，日本のマンガは通常，ページをじっくり眺めさせるというよりも，読者に先の展開をぐいぐいと読ませるつくりになっている。図像上の工夫は，読みのなかでは後景に追いやられ，あまり意識されることはない。つまり，「図」＝物語内容（登場人物の表情やセリフ）に注目しているときは，「地」＝表現上の工夫（オノマトペや効果線，コマ割りなど）が見えない（「図」と「地」の関係を図示したものは図2-1）。しかし，表現上の工夫は，場面の雰囲気をつくり出すために不可欠な役割を果たしており，マンガを絵本や小説，アニメ，映像などと質的に区別させるのは，物語内容ではなく表現上の工夫である。そのため，「マンガ研究入門」では，読者として物語を楽しむ際には意識されない（できない）マンガならではの表現を意識できるようになることを目的としている。

　2回生以上を対象とした「マンガ論」はマンガに関する先行研究を自力で読めるようになることを目的とし，ごく初歩的なマンガ作品批評やマンガ研究の文献を講読する授業である。同時に，社会人として身につけておくことが必須である事務系ソフト（Microsoft Officeや類似のソフト）を使いこなさせるために，Microsoft PowerPointやPrezi（www.prezi.com）などのプレゼンテーションソフトを用いた，文献の内容紹介を課している。受講生は人前で話すことに苦手意識をもっている者が少なくなく，その克服もねらっている。

　一方，「マンガの現在」は，作品の読解や文献講読という方法でなく，マンガや画像の制作をとおしてマンガの表現技法を理解させることを目標としている。「マンガ研究入門」や「マンガ論」で先行する作品や研究からマンガ表現の特徴を学んでも，それが学生自身の表現（作品の制作に限らず，レポートなどの書類や，打ち合わせ・会議資料の制作も含めた，広い意味での表現）に応用されなければ意味がない。そこで，作品や研究を参照して表現技法を分析しつつ，それを実際に手描きやパソコンで再現してみることで，理論的にというよりも体感的にマンガ表現の特徴を理解させることを目指すのが，この授業である。

　以上の授業科目は，それぞれ方法が異なるものの，いずれもマンガという表現について考えさせ，理解させ，受講生なりに応用できるよう身につけさせる，ということを目指している点では共通している。このそれぞれの授業のなかで，上述した方法で授業内容や自身の学習についてふり返らせた。

　さまざまなツールを用いた理由は後述する2-4で詳しく述べるが，端的に（正直に）打ち明ければ，なんとかして学生に授業（とくに講義系の授業）に主体的に取り組んでほしかったか

図2-1　図に注目すると地が見えない。地に注目すると図が見えない。

らである。秦の担当する授業の受講生は，スポーツや画像・映像制作など，それぞれが関心をもって取り組んできたスキルをいっそう高めるために，大学に入学してきた者が多い。したがって，体育や，画像・映像制作の授業といった，学生自身が大学に入学する直接的な動機となった分野の演習には，非常に熱心に打ち込む傾向がある。半面，自身の専門性を裏づけ，また柔軟で多様な視点を育ててくれるはずの教養科目には，苦手意識を覚える者も少なくない。その理由は個人によってさまざまだろうが，そういう学生共通の問題の一つは，教養科目を学ぶことが自分にとってどのような意味をもつのか，その理由づけ（いわば，学修のストーリー化）ができていないことにあるのではないかと思われる。専門科目のなかで研究指向の授業は，そんな学生たちにとって，教養科目との橋渡しになり得る授業ではないかと秦は考えている。

　たとえば，映像制作の手法を学ぶために大学に来たという学生は，日本や海外のマンガの作品を知り，その表現手法や歴史を学ぶことが，マンガと映像という表現形態は違っていても，自分の作品制作のヒントになる，というストーリーは想像しやすいはずだ。それをさらに敷衍すれば，たとえば社会学や人類学など，一見しただけでは作品制作に直結していないようにみえる授業科目でも，実は自分の発想の枠を広げてくれたり，作品のネタになったりすることを実感するだろう。

　自分が授業で何を学んでいるのか，授業中に何を考えていたのかをふり返り，語り直すことは，授業内容を学生自身の認識の枠組みのなかで読み替えることである。そして，ここで行われる「読み替え」が，換言すれば授業内容の「理解」であり，また自身の理解を教員との対話のなかで構築する／確認するという意味で「リフレクション」である。

③事例の評価に関して

　本章で述べる授業実践が，どのような意味をもつかを考察する手がかりは，学生による，当該授業に対する具体的な語りである。教育効果に関する考察をこうした方法で行うことの限界について，先に述べておきたい。

　山口（2007）は，以下のように指摘している。

> 　学校現場での授業研究や「実践研究」の場では，教育作用とその結果についての「子どもの姿に即した解釈」や教えと学びの相互作用過程の「分析」をめぐる「言葉」が踊っている。しかし，そこで語られる，授業分析や教師と子どもとのあいだに繰り広げられる相互作用＝相互行為の言葉は，子どもの「つぶやき」やノートに記された片言隻句，あるいは子どもたちの「発語行為」の断片に基づく恣意的な印象批評の域を出るものではなく，「根拠」を欠いている。
> （山口, 2007: 16）

　授業時間中に，または教室の外で，実際にどのようなリフレクションが学生によって行われ，それが学生の能動的な学修にどのように関わっているかについて，客観的な指標に基づいて効果測定する，ということは，本章の事例ではできていない。具体的に対話が受講生の認識にどのような影響を与えたか，そして結果的に，それがどのような教育効果につながったかについて検証するための方法を開発することを今後の課題として挙げておきたい。

> 以下，2-3 および 2-4 では，「体育実技Ⅵ」および「マンガ研究入門」等の授業設計を紹介する。体育実技Ⅵの授業のポイントは，教室での授業とは空間利用の方法が異なることと，試合のペアリング・授業中の小休憩時間・ペアワーク（試合など）への教員の介入に工夫を試みていることである。マンガ研究入門等の授業のポイントは，紙・メール・SNS を用いて授業のふりかえりを行わせたことである。授業中の対話の方法（2-3），授業最後のふりかえりの方法（2-4）を示したものとしてお読みいただきたい。

2-3 「体育実技Ⅵ」の授業設計：対話

①はじめに

　授業が行われる空間は，通常，机と椅子が一方向に並び，受講生の視線が教壇に集まるようにつくられている。それに対して体育の授業では，グラウンドであっても体育館であっても，「学生」と「教員」の固定した位置関係というものはない。とくに「体育実技Ⅵ」では，授業内容について説明する際であっても，隊列を組んで整列させることはない。受講生それぞれの位置取りは不定で，授業時間中も常に変化する（図 2-2）。こうした，講義系授業とは異なる特徴的な空間のなかで行われる「対話」可能性の拡大を，当授業では目指した。

　こうした授業空間は，一方ではその空間の特徴だけで対話の可能性を格段に押し広げるかもしれない。受講生は授業時間中でも一定程度自由に動き回り，他の受講生や教員とのコミュニケーションを図ることができる。しかし同時に，こうした空間は，机や椅子によって予め定められた「距離の近さ」も存在しない点で，実は受講生相互の関わりが成立しにくいともいえる。とくに複数の学年・学部学科の学生，あるいはスポーツの習熟度もさまざまである学生が形成する集団では，教員の介入によって対話を促進しなければ，互いにまったく近づくことなく授業期間を終えてしまう。

　野田の授業で対話を促すために行っていることは，(1) アイスブレイクを兼ねたペアの組み合わせ方，(2) 小休憩時間の活用，(3) 教員の介入，である。以下，この内容について具体的に紹介する。

　教室を使用した授業とはアーキテクチャが異なるとはいえ，ここで示す試みのいくつかは，教室で行われるグループワークなどにも共通するものだろう。この事例が，少人数での共同作

図 2-2　授業風景

業などを課す授業を行う際のヒントになれば幸いである。

②「体育実技Ⅵ」の流れ

具体的な授業の概要は，以下の通りである。受講生は約30名であった。そのうち，バドミントン部員は3名であった。授業の場所は屋内体育館を使用した。授業の進め方は以下の通りである。なお以下では，授業の各構成要素が，体育授業場面の教員の4大行動とされる（A）インストラクション（直接的指導），（B）マネジメント，（C）モニタリング（巡視），（D）インターアクション（相互作用）（高橋，2000）のいずれに相当するかを（A）～（D）で示した。とりわけ，受講生同士のかかわり合いを活性化させるための教員の介入を示す（D）が，本章の注目する「対話」「リフレクション」に深く関わる事項である。

冒頭に準備運動と授業内容などの説明を行い（A），受講者皆で一緒にコートをセッティングする（B）。次に好きな相手とペアを組ませ，場所と時間を指定して短時間の練習を行わせる（D）。ペアは基本的には自主的に組ませるが，パートナーが簡単に見つからない受講生などは教員が手助けしてペアを組ませる（C）。その前後に，アイスブレイクとして遊びの要素の入った練習，技術の指導，学生に指導役をさせての練習，全体で一緒に行う練習などを挿入する（D）。

準備運動～練習が一通り行われた後で，この時点で組んでいるペアで試合を行う（コートに限りがあるために，審判役または待機となるペアもある）（D）。ここで行われる試合は通常のバドミントンの試合よりも短い，10ポイント先取というルールで行っている。その理由は，さまざまな相手と試合をさせて交流させるため（この時間で6試合程度が行われる），また，長い試合によって集中力が削がれることを避けるためである。同じ時間をかけて試合をするならば，短いセットを繰り返させた方が練習効果も，受講生同士の関係構築も期待できると考えている。

授業時間が残り40分程度になった時点で，いったん集合し，新しいパートナーとペアを改めて組ませる（D）。ここでまた，対戦相手を毎回変えながら6試合程度を実施する。それらの試合が終わった後，コートの片づけを再び皆で行い（B），まとめの説明など（A）を行って授業終了となる。

なお，コートのセッティングや片づけの際には，細かい作業の指示は行わず，受講生同士が自主的に協力することに任せる。作業に協力しない者がいた場合には，ひとまずは経過を注視したうえで，自主的な参加が難しいと判断した場合，その受講生にできそうな作業を任せるなどして参加を促した。

以上の授業の流れの中で，仕掛けとして受講生の関係づくりを促していたのは（D）として示した要素であるが，こうした授業構成とは別の次元で受講生同士の関係づくりを促進したと思われるポイントは，以下の三つである。

③関係づくりを促進するためのポイント

[1] アイスブレイクを兼ねたペアの組み合わせ方

バドミントンのダブルスの試合を行うという授業内容から，受講生は基本的には誰か他の者とペアを組んで授業に取り組むことになる。授業時間の前半では知り合いとペアを組むことを許すことで，人づき合いが得意でない受講生であっても緊張感や不安感をもたずに授業に参加できるようにした。この時間帯は，授業回数を重ねた後では，新たに親しくなった者に積極的に声をかけてペアを組む，ということができる機会ともなる。

一方，授業時間の後半では，誕生日，今日の朝ご飯，服の色，身長，きょうだいの人数，大

図 2-3　ペアを組む

学までの通学時間，などを基準に受講生を分類し，同じカテゴリに含まれる者の間でじゃんけんなどしてパートナーを決めさせた。あるいは，あまり話したことのない相手とペアになるよう配慮した。集合を呼びかけて一定程度互いの距離が縮まった段階で「ストップ」をかけて動きを止めさせ，そこで距離が離れて立っている受講生同士（つまり，知り合いではない可能性が高い）をペアとして指定する，という方法である。

　いずれの方法にせよ，あまり話したことのない相手とペアを組ませることが目的であるため，和やかな楽しい雰囲気のなかで新しい相手と出会えるように，皆でゲームをやっている感覚でペアの組み合わせを決定するようにしていた（図 2-3）。

[2] 小休憩時間の活用

　体育館内に空調がないため，夏場は高温になり，継続的に練習や試合を行うと熱中症の危険がある。そのため，夏には，休憩時間を多めに取り入れて水分補給などをさせる。また，コート数に限りがあるため，試合のローテーションのなかで，待機時間となるタイミングもある。

　これらの休憩時間は設備面での問題や体調管理の意図から行っているもので，受講生同士を交流させることを意図したものではないが，結果的にはそれが関係づくりに役立っていた。休憩は必ずペア同士で取ることになるため，たとえパートナーがよく知らない相手であっても，一定の時間を二人で過ごすことになる。その際に，ちょっとしたおしゃべりをしたり，次の試合に備えて自主的に練習をしたりする様子が見られた（図 2-4）。

図 2-4　小休憩時間

[3] 教員の介入

　受講生同士の関係づくりに加えて，教員との良好な関係も構築できるように，毎回の授業時間中に，必ずどの受講生にも少なくとも一度は個人的に話しかけた。あまり親しくない者に話しかけることが苦手などといった受講生にとっても，少なくとも教員とは毎回話をする機会があることで，授業時間内に他者と交流するということ自体に慣れると思われる（図2-5）。

図2-5　教員の介入

2-4　「マンガ研究入門」等の授業設計：リフレクション

　本節では，秦が担当する「マンガ研究入門」等で実践している大福帳およびコメントシートといった「紙」，メール，学内SNSおよび学外のSNS（サイボウズLive）を用いたリフレクションについて紹介する。前節の野田のものとは別の授業事例ではあるが，手法としては，前節に示した授業内容の中で活性化されたコミュニケーションによって対話が促進されたうえで，対話によって理解したり考えたりした内容を改めて語る，という一連の流れとして読んでいただければ幸いである。

①紙を用いたリフレクション

　授業に関する質問や感想を受講生に書かせることは，すでに多くの授業で試みられているだろう。典型的な方法は，下記の二つではないかと思われる。(1) 授業の各回に，コメントカードやミニッツペーパーなどと呼ばれる用紙に（もしくはこういった名称で呼ばれる方法で）質問や感想を受講生に書かせる。書かれた内容のうちクラスで共有すべきと教員が判断したものを，次の回の授業時に紹介することで，教員側からのコメント返しを行う。(2) 大福帳（織田,1991）などと呼ばれる用紙にコメントを書かせ，教員がそれに返事を書いて翌週に返却する。

　こうした方法によって教員と学生が会話することは，教員にとっては学生の理解状況のモニタリングや授業改善に役立つこと，学生にとっては授業内容の確認や振り返り，授業に参加している感覚を強めるのに役立つことが既に指摘されている（向後,2006）。とくに大福帳は，(1) 短時間で簡単に実施でき，(2) 学生の負担が少ないが，(3) 学生の授業への関心を高め，(4) 教師との信頼関係を形成し，(5) 教師にとっては授業改善の意欲向上に役立つ，と指摘されている（織田,1991）。さらに大福帳は，教員からの返信が原則的に全員に対して行われるため，出席の促進という効果もあることがわかっている（向後,2006）。

　こうしたアドバンテージのある大福帳を，「全体的な (15回を通しての通時的な) 授業内容の理解」をさらに促進することをねらって，2013年度の「マンガ研究入門」では授業ノートのダ

```
┌─────────────────────────────────┐
│         第2回：9月30日            │
│ 授業のテーマ：                    │
│ メモ(授業の内容に関するメモを取ろう)： │
│                                 │
│                                 │
│                                 │
│                                 │
│                                 │
│                                 │
│ 今日の一言(感想，質問，なんでもOK)   │
└─────────────────────────────────┘
```

図2-6　大福ノート

イジェスト版と兼ねて使用することにした。受講生はノートテイクの習慣が必ずしも身についておらず，ルーズリーフなどノートテイク用の文房具を持って来ない者もいる。また，講義を受けながら配付資料にメモを書き込んでも，それを持ち帰るのを忘れたり，翌週に持って来なかったりする者も少なくない。そこで，ノートテイクの習慣がついている者には自分のノートの内容を更にまとめる練習を，ノートテイクの習慣がついていない者にはノートを取る練習をさせるために，以下のようなシートを用いた（図2-6。以下，便宜的に「大福ノート」と呼ぶ）。

　授業1回につきA5のスペースに，授業回数・授業日・この日の授業のテーマ・ノート（のダイジェスト版）・今日の一言を書かせた。各回の授業の最後10～15分は，大福ノートを書くための復習の時間とした。

　授業のテーマは，こちらからは授業中に提示するパワーポイントの表紙に示した。しかしこれを書き写させることが目的なのではなく，受講生自身が授業を受けた後で，その日のテーマは何だったのかを考えさせ，書かせるようにした。シラバスには各回のテーマ／トピックを示しているが，受講生が授業期間中にシラバスを何度も参照することは，ほとんどないだろう。また，教員が考えているテーマと，学生が理解したテーマが異なる可能性もある（それは必ずしも「授業の失敗」ではなく，むしろそこに「自立的な学び」の契機があるかもしれない）。そこで，こちらから「今日の授業のテーマは〇〇」とはあえて言わず，学生に自分で書かせた。

　ノート部分は，授業を受けながら書いてもよいし，自分のノートを作る者は，授業の後でポイントだけ書いてもよい，と指示した。

　「今日の一言」は，授業の内容に関するコメントや質問だけでなく，授業に関係ないことでも書いてよい，とした。上記の二つの欄と異なり，ここは，学生カルテの意味合いをもつ。当授業は選択必修科目であり，大学4年間の中で段階的に身につけるべきスキルを習得する第一歩となる授業である。したがって，「マンガ研究入門」という個別の授業のなかで何を理解し，考えたかだけでなく，大学生として日々の学校生活を過ごすなかで受講生がどう成長していくのか把握するために，この欄を設けた。また，ここで，授業時間外の経験を教員と共有することで，教員と学生の人間関係を少し深めることもねらった。むろん，授業内容に関する質問や感想を通して教員との関係を構築することが本来は重要であるが，とりわけ，大学の授業に必ずしも慣れていない1回生の場合，記述内容を授業に関する質問や感想に限定すると，書く内容を深く考えず，「おもしろかった」「よくわかった」という一言に終わってしまう受講生もいる。

少しでも具体的なことを書けるようになって欲しい，という気持ちもあり，基本的には何を書いても構わない，とした。

②メールを用いたリフレクション

　前項の方法を用いた結果については2-6で述べるが，大福ノートの一つの問題点が，授業時間外には学生の手元にシートが残らないこと，つまり事前事後学習にシートが役立てられないことであった。学生自身のふりかえりも教員からの返信による対話も，授業時間内で完結してしまう。それを避けるために，2014年度の「マンガ研究入門」ではメールによるリフレクションを試みた。

　メールで授業の感想や質問を提出してもらう都合上，ノートテイクの部分は各自の努力に任せることとした。かわりに，穴埋め式配付資料を配る，授業内容に関する問題（作品の分析など）を紙で答えさせるなどして，ノートテイクをなるべく促進するようにした。

　授業はパソコンのない教室で行われていたため，受講生には手持ちの携帯電話やスマートフォンで，もしくは授業後（当日中）に図書館のパソコンなどから，送信してもらうこととした。授業最後の5分ほどを送信のための時間にあてたが，この時間に送信する者もいれば，なんとなく内容を考えて，送信は後で，という者もいた。送信ミスやトラブルは，数は多くなかったものの発生し，受講生が翌週に申告しに来る場合があった。送信されたメールは授業後に確認し，翌週の授業までに返信することとした。

　受信用のアドレスは，ほぼこの授業専用のアドレスを使用した。理由は，送信できたかどうかを受講生が授業直後に確認しにくることが多いため，私信の届くメールアドレスだと受信箱に来た他のメールも差出人や件名が受講生にのぞかれてしまうからである[3]。ただし，複数のメールボックスを日常的にチェックする習慣のない教員がこれをやる場合，メールをチェックするのをうっかり忘れてしまう，ということも考えられる。

③SNSを用いたリフレクション

　大福ノートであってもメールであっても，そこでのやりとりは学生と教員の間の，1対1の閉じられたものとなる。だからこそ個人のリフレクションにはこうした方法が向いているのかもしれないが，返信には非常に手間がかかるため，大福帳は大教室での授業には向かないことも指摘されている（向後，2006）。また受講生がそれほど多くない授業でも，教員の仕事のスケジュールなどによって，全員に返信することが困難な時期もあったりする。しかし，忙しいから返信しない，気が向いたときにだけ返信する，などという適当な対応では，学生のリフレクションも促されないし，律儀に送信することをあほらしく感じる学生も出てくるだろう。

　そこで，教員と学生の対話を完全に閉じたものにせず，半開き程度にしておいて，他の学生の介入も可能にするために，SNSを用いたリフレクションも試みた。

　学内SNSと学外の無料SNSサービスの選択は，想定される受講生のメディアリテラシーに

---

3) gmailを使用されている方は，送信先アドレスを少し変えることでこの問題が解決できるだろう。たとえば，アカウント名がhanazono@gmail.comであった場合，授業の感想の送信先はha.nazono@gmail.com（@の前の部分に，ピリオドを適当に打つ），もしくはhanazono+jugyou@gmail.com（自分のアカウント名の後に，＋と適当な文字を入れる）と知らせておく。こうしたアドレス宛てのメールも，通常のアドレス同様に自分のメールボックスに送られてくるので，あとは受信メールの振り分け設定で，このアドレスに送られてきたメールを特定のフォルダに振り分けられるようにしておく。受講生が送信確認に来た場合は，そのフォルダだけ表示して見せれば，私信のメールがつい受講生の目に入ってしまう，というトラブルが避けられる。

応じて決めた。いずれもグループ外の者には掲示板の内容は閲覧できないように保護されているが，パソコン自体をほとんど使うことのない者も含まれている1回生が多数受講する授業では，学内のSNSの方が学生・教員双方とも安心感をもって使うことができるだろう。一方，日常的にウェブを使い慣れた上回生にとっては，掲示板だけでなくスケジューリングや共有フォルダの機能が充実したサービスを選択する方が便利かもしれない。また，大学を卒業した後に自主的にこういったサービスを使用する機会があるかもしれないことを考えると，安心して使えるグループウェアやSNSはどれか，といったことを知っておくためにも有効かと思われる。

　学内SNSを使用する場合も，基本的にはメールと変わらず，授業内容に関するコメントを掲示板に送信してもらうこととした。ただし，掲示板には複数の学生からの投稿が並べて表示されるために，受講生はお互いが何を書いているのかを読むことができる。また教員からの返信は，花園大学のSNSでは個々の投稿にそれぞれ返信することができなかったため，いくつかの投稿の後に，それぞれの投稿内容についてまとめて返信する，ということになった。

　したがって，教員からの返信は，コメントカードのいくつかに対して口頭で返事をする，という方法と，どちらかというと似ているかもしれない。この方法との違いは，教員からの返信が授業直後に返ってくること，コメントカードに対する返信よりは，もう少し個別に返事することである。ただし，厳密に全員に返事をするわけではなく，類似のコメントに対してはまとめて返事をできるため，メールなどよりは教員の負担は軽減できると思われる。

　学外SNSを使用する場合は，ゼミという授業の特質もあり，授業内容に対する感想や質問を受講生に書かせることはなかった。むしろ，互いが個別に進めるプロジェクトワークについて，受講生が自主的に実施計画や内容を共有フォルダにアップロードし，他の受講生の意見を求める，という形で使用した。また，全員が連絡事項などを書き込む掲示板の他に，各受講生（＝各プロジェクト）専用の掲示板を設け，それぞれのプロジェクトの進捗状況を記録するジャーナルとしても使用した。

> 以上の2授業をまとめる。授業中のペアワーク（グループワーク）では，既に親しい相手と新規の相手の両方とワークを行えるよう配慮し，比較的ハードルの低い対話と，関係づくりのなかで新規に行われる対話の両方を実践させる。その際には，教員が介入することで対話を促進する部分と，ワークの範囲に留まらない対話を自由に行える休憩時間のような部分を両方確保することを試みる。そのようにして対話を行ったうえで，授業の最後に，紙・メール・SNSといったツールを用いて，授業内容をふりかえる。その際には，授業内容に関わるふりかえりと，授業内容に直結しない個人的なふりかえりの両方を許容することで，単一の授業だけでなく学修全体を包括してふりかえる余地をもたせておく。
> 以上のようにして，授業内容と授業外（学修および学生生活）全体を行ったり来たりさせながら授業に取り組ませる，という授業設計を紹介した。
> 次の2-5および2-6では，そうした授業への感想および評価を紹介する。

2-5　受講生の感想と評価：対話に関して

　前期授業の最終回に，学生に半期全体の授業に関して評価を依頼した（図2-7）。多様な視点からの評価を知るため，形式は自由記述とした。個人を特定する情報を書かせると，批判的な内容を答えにくいことが推測されたため，学科，学生証番号，氏名は記載なしとした。

最終回の授業に出席していた19名からの回答を得た。受講生全員に回答を依頼できたわけではないこと，こちらからの具体的な質問はせず，受講生それぞれの視点で授業全体についてふりかえってもらったことから，回答の数量的な分析は行っていない。以下では参考までに類似の内容を書いた回答者の数を示したが，数ではなく書かれた内容にだけ注目している。

①上達について

　4名の学生が，技能の上達について言及していた。「サーブの仕組みとか，はじめて知ったけど，上手にできるようになりました」「ちょっとは上手になった気がした」「初めはとても下手で全然できなかったけど，やるたびに上達して，ちょっとは試合できるようになった」という，自分自身の上達についてふりかえるコメントだけでなく，「みんなが強くなっていって楽しかった」という，ボトムアップの実感を書いた者もいた。技能が上達しなかったことについて言及した回答は無かった。

　ここからわかるのは，実際に受講生の技能が上達したかどうかでなく，これらの受講生が，自分自身の技能が上達したような気持ちになれた，ということ，つまり，自己認識が肯定的な方向に変化した，ということであろう。

②楽しさについて

　15名の学生が，「いろいろな人と一緒にペアを組んでできた」「そのことが楽しかった」という内容の回答を書いていた。うち7名が，とくに他学科もしくは他学年の学生と仲良くなれたことを肯定的にふりかえっていた。この回答からは，ふだんは必ずしも関わりのない学生と一緒に授業に取り組むことで，仲の良さを実感するに至り，それを肯定的に評価する学生が多いことがみてとれる。

　半面，1名の学生が「（いろいろな人とペアを組めたものの）それで仲良くなったかと言われれば難しいところです」と回答していた。これは否定的な回答ではあるが，いろいろな人とペアを組むことの目的が，他の学生との良好な関係づくりにある，という理解自体は共有されていることに注目しておきたい。他の学生との関わりについて言及しなかった3名を除く16名の回答者が，ペアを組むことの目的を共有していたということである。

　なお，「仲の良さ」に関して否定的に評価した1名が，同時に「よく知らない人ということで遠慮がちになってしまい，全力でできていない方が多かったかのように思います」と書いていたことにも注目しておきたい。他の学生からは「全力でできなかった」旨の回答は得ら

図2-7　「体育実技Ⅵ」の授業評価

れず，「最初，適当にやって楽しくやれればいいと思いやっていたけれど，回を重ねるにつれ，真剣にやったほうが楽しいことに気づけました。気づいてからは毎回真剣に取り組み，勝負にもこだわりました」という回答や，前述した「上達」に関する回答，「強い人と試合ができて楽しかった」「バドミントン部の人がスマッシュのお手本を見せてくれたのは良かった」という回答が得られたため，全体として受講生が力を抜いて取り組んでいた，という印象は受けない。

にもかかわらず，こうした回答が得られたことの意味は，憶測ではあるが，「仲の良さ」が授業全体の記憶に影響を与えた，ということかもしれない。つまり，他の学生と仲良くできた，と感じる学生は，いいかげんに授業に取り組んだ，という記憶をもちにくく，他の学生と上手に関係を築けなかった，と感じる学生は，授業態度への自己評価や他者評価が低くなる，ということかもしれない。今回の学生からの評価だけでは，この点について判断することができないため，ここではこの問題をこれ以上考察することができないが，「楽しい」「他の学生と仲良く取り組める」と感じさせることが，受講生の授業に対する力の入れ具合に影響を与える可能性については，自戒をこめて今後も注視していきたいと思う。

③ペアの組み方について

12名の学生がペアの組み方や組んだ結果について言及していた。興味深いのは，8名の学生が「いろんな人とペアを組めて良かった」と書いている半面，5名の学生が「ペアの組み方がワンパターンだった」とふりかえっている点である。これは，前述の通り，授業の前半は自由に組まれたペアで，後半は前述した教員の指定した方法によって組まれたペアで，という組み合わせを固定したために，ペアの組み方の方法自体に注目した受講生にはワンパターンさを，ペアの相手に注目した受講生にはバリエーションを感じさせた，ということであろう。

授業の展開が「ワンパターン」であることは，変化に富んだ内容を期待する受講生には単調さを感じさせたかもしれない。しかし半面，授業の展開が一定していることで，授業時間のリズムが安定的に作られ，受講生が次の展開をある程度想定しながら主体的に動くことを可能にする側面もある。受講生の期待に応えるためには，授業時間の流れをランダムに変えるよりも，ペアの組みあわせ方をさらに多様化させるという工夫が望ましいように思われる。

④考　察

スポーツに対する受講者自身の認識をかたちづくるのは，2-2の議論をもとにしていえば，他の受講者や教員との対話によって照射された自身のふるまい，ということになるだろう。受講生からの評価からは，それは「楽しさ」や「仲の良さ」，また時には「技術の向上」というキーワードで捉えられるもののようにみえる。こうした自己および他者の認識は，能動的な授業参加の基盤となるものである。では，こうした認識に下支えされて，受講生たちはどのように能動的に授業に参加し，バドミントンあるいはスポーツ全体を学んだのか。

それは，野田の観察をもとにしていえば，試合時のふるまいにあらわれている。たとえばバドミントンを部活動などで経験しており，技術的に優れた受講生であっても，ペアで試合を行う際に，パートナーを無視して自分の力だけで試合に勝とうとはしない。その理由は，まずはサーブ権が移動するたびにサーブをする者が順繰りに変わるという，バドミントン自体のルールのためである。受講生全員が必ず主体的に動く瞬間をもつため，事実として，ペアの片方だけが試合で活躍する，ということが不可能である。加えて，「仲の良さ」「楽しさ」という認識が，パートナーに対する配慮を促す機能も果たしている。つまり，この授業は皆で仲良く，楽しく

やるものだ，という自己認識（また，ある意味では同調圧力も働いているかもしれない）によって，自分だけが活躍するという，パートナーにとって「楽しくない」であろう状況は，避けるべきものとして認識される。

また，受講生同士が仲良くなったことで，バドミントンのあまり得意でない受講生が，上手な受講生に，授業時間外に自主的にバドミントンを教えてもらうということもあった。受講生が直接野田に，バドミントン部員に頼んで，部活動の練習に合流させてもらった，と報告してくれたのだが，これは，受講生同士の「このクラスのメンバーは仲が良い」という認識が，相互の教え合いという自習行動につながったものと考えられる。ごく少数の事例でしかないものの，とくに独習の難しいバドミントンのような授業内容では，能動的な学習を行ううえで受講生同士の良好な関係づくりが重要であると推測できる。

一方，当授業の問題点は，知識の習得に十分な時間を割けなかったことである。3名の受講生から，バドミントンのルールや技術の解説をもっと聞きたかった，という要望が寄せられた。授業の目的から，また「実技」という授業の特質から，当授業では教員からバドミントンにまつわる知識を伝授するということについては重点を置ききれなかった。しかし，多様な相手とペアを組んで試合をするという経験自体に由来する「楽しさ」だけでなく，技術の向上や「真剣さ」に伴うかたちでも「楽しさ」は実感されるものなので，知識の習得にもう少し比重を置いた授業展開も今後は試みたい。

加えて，リフレクションの方法にも改良の余地がある。当授業では，前述した通り，将来的なファミリー・スポーツの充実や，生涯スポーツへの関与といったことをねらっていたために，パートナーや試合相手との直接的な交流を重視した。しかし，対人コミュニケーションスキルを向上させたり，大学への適応感を高めさせたりするには，体育実技の授業であっても，こうした直接的なコミュニケーションだけでなく，大福帳などの活用も有効であることが，西田・橋本・山本（2009）によって指摘されている。上述した通り，机や椅子といった，受講生の位置取りを一定程度以上固定する設備によって構成された空間とは異なる，体育授業に独特な空間のなかで対話を成立させるために，当授業では受講者同士の直接交流による関係づくりを第一義としたが，これと組み合わせる形で大福帳などを活用すれば，受講生個人のリフレクションをさらに促進することができるかもしれない（だからこそ，本章は二つの授業事例を統合して1手法とみなすことにした）。

2-6 受講生の感想と評価：リフレクションに関して

前節では受講生個人から直接伝えられた内容や，独自に行った授業評価を，受講生からの反応を知る手がかりとした。リフレクションに関しては，授業最終回に行ったアンケートに加えて，毎回提出された内容そのものもあわせ，受講生の反応と各方法（使用した媒体）の長所・短所を考察することとする。

①紙を用いたリフレクション

2013年度の「マンガ研究入門」で用いた大福ノートに関する反省は以下の通りである。

まず，1行で書かせるその日の授業のテーマは，90分の長い時間を一言でまとめる，ということが難しかったようで，ここを空欄にする受講生が多かった。間違ったことを書いても構わないから書くよう促すなど，こちら側がもっと働きかける必要があった。教員側が完全に答えを提示して，それを書き写させる，ということにはあまり意味がないように感じられるが，選

択式にして適切なものだけを書き写させる，などの方法であれば効果的かもしれない。

　ノートテイクの部分は，授業を受けながらノートを書く習慣が身についていない学生であっても，おそらく，提出しなければならないという条件があるために，まったく空白のままということはなかった。しかし，毎回返却された際に，自身のノートの内容について読み直し，考え直していたかまで確認していない。確認させる時間を取った方が良かった。

　「今日の一言」欄は，受講生が最も力を入れて書く部分であり，部活動での成果や私生活での悩み事など，話題も多岐にわたっていたが，半面，いわば「交換日記」の要素も強く，こちらからのリプライによって記述内容を授業内容に接合する，ということが難しいものも多かった。ただし，授業内容に関わりのない個人的な記述であっても，学科教員としては，学生の様子を把握するのには非常に役立つ情報であった。4年間継続して学生に関わり，授業単体でなく学科の教育課程全体を通して学生を指導するという次元で考えれば，個々の返信によって受講生のコメント内容をむりやり授業内容に結びつける努力を教員がすることは必須ではないように思われる。授業に関わる学習に還元されなくても，学士課程の学修に還元されるように意識すればよいだろう。

　反対に，個々の授業のみを担当される先生方にとっては，記述内容はあくまでも授業内容に直結することに限定するのがよいのではないかと思われる。この欄は「今日の授業でいちばん頭に残ったエピソード」などにして，授業の主要な部分以外（余談的な情報など）でも書くことのできる幅をもたせておけば，より長文を書かせるという目的に合致したものが提出されるのではないかと思う。

　秦は，テーマ・ノート・コメントの全てに関して，なるべく返信を行うようには心がけていたが，それは受講生が多い授業では難しいだろう。多人数の授業では，いささか子どもじみてはいるが，数種類の認印（スタンプ）を使用することで負担が軽減できるかもしれない。秦の場合は，「よくできました」と「OKです」の2種類のスタンプを返信コメントと併用し，ついでに「OK」という言葉自体のニュアンス（＝「よくできた」わけではない）を覚えさせるようにした。子どもっぽいスタンプではバカバカしさを感じる受講生もいるように思われるので，種類の違う認印でニュアンスの違いを伝えてもいいだろう。

②メールを用いたリフレクション

　メールという手法は，送受信の内容が学生，教員の双方の手元に残るので，ふりかえりが仕組み的に可能である点が大福ノートと比べた場合の長所である。しかし，それはふりかえりが可能であるだけで，実際に大福ノートに比べて前週の送信内容・こちらからの返信内容が授業の復習として読み返されていた，という実感はない。大福ノートの場合は，とくに「今日の一言」に関しては話題が連続することが多く，自身の食生活について書く者は食生活の話を書き続け，恋愛の進行状況を書く者はデートの内容などを書き続けていた。それを手がかりに考えると，前週の内容をいったん確認してから当日の内容を書いていたことが推測できる。一方メールの場合は，そうした話題の連続という側面がみられなかっただけでなく，個人的なことを書く者自体が減った。独自に調査した授業評価アンケートの結果によれば，58%（12名中7名）が「授業のふりかえりをメールで書く」方法が紙やSNSよりもよいと答えていたものの，手軽に送信できる半面，「何でもよいからたくさん書いて空欄を埋める」という努力がメールの場合には行われず，短い文章でも提出してしまうことに抵抗を覚えないのかもしれない。

　したがって，メールを用いてリフレクションを行う場合には，リフレクションの内容自体をふりかえらせる課題を中間レポートなどの形で促すのが効果的ではないかと思われる。

なお，授業期間の冒頭で，送信の形式（文章構成）を詳細に教えれば，メールのマナー練習にも活用することができる。LINEなどのチャットアプリに慣らされた世代はとくに，メールに「件名」「送信者の所属（学部学科名，学生証番号，受講している授業の名前など）」「送信者の名前」などの重要事項を書き忘れることが多い。チャットアプリでは送信者が非常にわかりやすく提示されるため，本文中に自身の名前を名乗る習慣が身につきにくいのだと思われる。メールでは名前や所属を名乗らないと個人を判別されにくいことを，リフレクションの提出を通して覚えさせることができるだろう。当授業では，メール文章のテンプレートを配布し，その通りに文章を書かせることとした。これは授業内容とは直結しないが，後に就職活動など行う際に役立つと考えられる。

メールを利用するもう一つのメリットは，欠席連絡の簡易化だろう。もちろん欠席しないことが最も望ましいとはいえ，さまざまな理由で大学に来られない日もあるはずである。その際，大学の代表番号や教員の個人研究室に電話連絡するとなると気後れしてしまうかもしれないが，メールであれば，より手軽に教員に欠席を知らせることができるし，教員にとっても，逐一欠席のための電話を受けるよりはメールで連絡される方が対応に負担がかからないだろう。気軽に欠席連絡できるようでは問題だと思われるかもしれないが，無断でサボるよりはマシではないだろうか。

大学生は子どもではないので，わざわざ欠席連絡する必要などない，という考え方もあるかもしれない。事実，わざわざ連絡することなく欠席する者も多い。しかし，アルバイトや仕事を無断で休むことがないのと同じように，授業も無断で休むことがあたりまえになるべきでない。

メールの欠点は，やはり多人数の授業での教員側の負担が大きくなることである。返信の負担を軽減させるには，定型文を前述のスタンプのような用途で使用してもよいだろう。

③ SNSを用いたリフレクション

「マンガの現在」前期最終回に，19名の受講生にSNSを活用することについて意見を求めた。

SNSは当然ながら送信した内容が他の受講生の目にも触れるが，結果的にはそれを肯定的に受け止める受講生が多かった。積極的に書き込む，ほとんど書き込みをしない，という傾向にかかわらず，大半の受講生が他者の書き込みについては「けっこう読んでいました」「面白かった」と書いていた（14名）。

授業時間外にも掲示板や共有フォルダに提出された他の学生の作品を閲覧しているという学生も3名いた。授業時間外の活用はほとんど指示しておらず，また，アンケート時にも授業時間外の使用に関しては尋ねなかったので，指示すれば授業時間外の閲覧が増加したことが考えられる。掲示板はメールとは異なり，未読のコメントが更新されているかどうか自体が，自ら閲覧しにいかないと確認できないため，逆に授業時間外にもふと思い出して更新の有無を確認しようという気持ちになるのかもしれない。その意味では，紙やメール以上に，自習時間での活用が期待できるのではないかと思われる。また，他の学生がどのような課題作品を提出しているのかを相互に見ることができるのも，刺激になってよいだろう。

教員にとっては，SNSを用いるのが最も負担を軽減できるのではないかと思われる。授業に関する考えや質問を掲示板に入力させると，受講生に促せば，受講生同士で質問内容などについて議論するからである。教員の介入は最小限にとどめることができ，議論が完全に主旨を外れてしまった際などに軌道修正したりすればよい。やりとりの経緯が残るため，必ずしも同期的にコメント送信をしなくとも対応は可能だろう。授業時間中は同時に複数のペア／グループ

のコミュニケーション内容に介入することは不可能であるが，SNSならば，複数のトピックが並列していてもそのそれぞれに授業後に返信することが簡単である。

　さらに，授業内容についての感想などを全員に書かせて投稿させる場合は，似たような内容の感想についてまとめて返事をすることができる。メールの場合は各自に返信するため，似たような内容の返信を送るとしても，それぞれの学生の書いている内容にあわせて多少は文面が変わってくる。もしもまったく同じ返信を送ることがあるとしても（あまりないと思うが），少なくとも一通一通送信する必要があり，人数が多い授業であるほど時間がかかるだろう。SNSならば，そうした問題は避けることができる。掲示板の特性（掲示板はパーソナルなコミュニケーションでなく，ネットワーク型のコミュニケーションを行う場所であること）から考えても，学生全員に個別に返事するのではなく何人かずつまとめて返事を書くことについて，学生が違和感を覚えることは少ないのではないかと思われる。

　SNSを活用することの一つの問題は，もともとウェブ空間に親和性の高い受講生は積極的に書き込みを行うが，授業外でウェブ掲示板などにアクセスする機会の少ない受講生は，他の者が書いた内容を読むだけになってしまいがち，という点である。また，ある受講生は，「知っている人ばかりのSNSは，書き込みがなんとなくしづらかったです。恥ずかしいというか……」とコメントしていた。「文章によって構築される自分のイメージ」と「口頭での会話や身ぶりによって構築される自分のイメージ」の間に微妙な差異を見出す者は少なくないように思われるが，その差異が相手に違和感をもって受け止められてしまうのではないか，という危惧があるのかもしれない。

　このことに近い，もっとはっきりした問題は，SNSでは内容が他の受講生に見られることを前提して書くので，他者との対話のなかでみつめ直された自分自身（の学修）を文章化するという作業がしにくくなる蓋然性が他の方法よりも高くなる，という点だろう。したがって，SNSによるふりかえりは，「リフレクション」というよりも，「体育実技Ⅵ」の事例で紹介した「対話」とかなり近い特徴をもっているといえる。

④ 考　　察

　2014年度前期の「マンガ研究入門」で取ったアンケートには，「授業の感想を書くことについて，賛成ですか反対ですか」という質問項目をもうけた。賛成・反対という選択肢と，その理由も書いてもらった。賛成が11名，反対は1名だけであり，大半の学生が「授業の内容が頭に残りやすいから」「授業内容について自分でも考えるから」といったような内容を理由として挙げていた。とくに，1名の受講生が「感想を書かないと授業を受けている気にならない」と書いていたことが，秦には非常に印象的であった。学生は，必ずしもコメントを「書かされている」と認識しているわけではなく，むしろ「書かせろ，一言語らせろ」と思っている可能性もあるのだ。

　また，「授業の良いところや悪いところを先生が分かりやすいから（書いた方がいい）」，「（授業を）良くしていこうという姿勢が良いと思います」と書いた受講生もいた。そのように感じてくれたことをうれしく思った。学生は，コメントを書くことで授業がよくなるだろうと期待することができており，また自らの意見を出すことで授業が改善されれば，授業内容だけでなく教員の努力に対しても肯定的な評価を下す可能性があるのではないか。コメントを活用して授業改善をうまく図れば，まさに「学生とともに授業をつくる」ことが実現されそうだ。

> 以上の感想および評価から，受講生は，受講生同士の対話および教員との対話（授業中のものも，授業最後にふりかえりとして行われるものも）を基本的には肯定的に受け止め，意味ある楽しさとして実感してくれたことが分かった。また，互いの学習を自主的に助け合ったり，クラス全体の技能の向上を実感したりする受講生もいた。対話が行われたからこそ，学修が個人的にだけでなく集団的にも行われていることが意識され，集団としての学修成果を自主的に求めるようになったのかもしれない。加えて，教員との対話によって，教員の授業に対する取り組みを肯定的に評価する者もいた。教員に対するそのような認識も，受講生の積極的な授業参加を促すひとつの契機になり得るだろう。

2-7 おわりに

①授業中の対話に関して

　野田の専門は男子新体操であるが，選手の指導の場では，教えられたことを受動的に再現するのではない，自ら考える選手を育成すること，そして，試合での点数や勝利といった指標にあらわれる技術だけを求めるのではない，演技をとおした自己表現こそを希求する選手を育成することを目指している（野田, 2011）。こうした，教育に対する自分なりの思いは，一般の学生を対象とした授業にも通底していることであり，自ら考え，自らを（それぞれの方法で）表現できる社会人となって大学を巣立ってくれることを願いながら，日々授業を行っている。

　野田は教員としては経験が浅く，知識も不足しており，正直いって各回の授業のなかで「アクティブ・ラーニング」や「対話」，「リフレクション」といったキーワード自体を特別意識していたわけではない。しかし，男子新体操の実践や指導をとおして自分なりに築いてきた教育のあり方は，本書のいう「アクティブ・ラーニング」に共通しているのではないかと思っている。

②リフレクションに関して

　秦が本章で紹介したようなリフレクションの手法の最大の問題点は，「やればやるほど教員の負担が増加する」ことだと読者は感じられているかもしれない。実際のところ，たとえば受講生数が100名を超えるような授業では，授業中に教員が全ての受講生に個別に声をかけることも，受講生のリフレクションに逐一返信をすることも，不可能だろう。大規模授業でのこうしたやりとりは，受講生同士に行わせるのが適しているように思われる。その一つの方法は，次章で紹介する師による「つぶやき授業」に求められるのではないか。一方，受講生数が50名を下回る場合は，対話やリフレクションは，それほど過重な負担の強いられることではないように思われるので，とくに教員の負担が低くなるSNSなどを安全に活用されてみてはどうだろうか。

　もう一つの問題点は，「対話やリフレクションが時間を消費してしまうために，やればやるほど知識を伝授できる時間が削られてしまう」こと，という声もあるかもしれない。私たちが担当する授業は，体系化された知識を習得する以上に，受講生自体が授業内容に参加して主体的に考え，動けるようになることを目指す授業であるために，対話やリフレクションのための時間を確保することが重要となる。しかし，学問領域によっては，本章で紹介したものとは異なる主体性・能動性が求められるものもあるだろう（講義を，内容について検討しながら注意深

く聞いて理解する，テキストの正しい読み方を身につけ，主体的に反復しながら理解する，など）。そうした授業の場合は，他の受講生や教員との直接的な対話によって，というよりも，テキストとの対話によって，教員による講義内容との対話によって，リフレクションが成立するのではないかと思われる。その時間を確保するために，本章で紹介したような仕方の対話やリフレクションが授業時間内におさまらない場合には，メールを用いたリフレクションなど，授業時間外の自習時間に行える方法を試されるのも良いかもしれない（むろん，これは第一の問題，つまり教員の負担の増加という問題につながってしまう方法だが）。

　いくら学生のために良い方法だと思っていても，自分が「しんどい」ことは続かない。負担が過重にかかって継続できなくなる，ということを第一に避けて，無理のない範囲で教員が対話やリフレクションに介入するのがよいだろう。

【引用・参考文献】

板橋クリストファーマリオ（2014）．大学のスポーツ科目におけるテニス受講者の実態　北里大学一般教育紀要　**19**, 135-150.

織田揮準（1991）．大福帳による授業改善の試み―大福帳効果の分析　三重大学教育学部研究紀要　教育科学　**42**, 165-174.

日下裕弘（2012）．生涯スポーツ　井上　俊・菊　幸一［編］よくわかるスポーツ文化論　ミネルヴァ書房　pp.168-169.

向後千春（2006）．大福帳は授業の何を変えたか　日本教育工学会研究報告集　2006（5），23-30.

杉原真晃（2007）．大学教育における「対話」の再考―ボルノー教育学からの示唆　山形大学口頭教育研究年報　**1**, 50-65.

高橋健夫（2000）．子どもが評価する体育授業過程の特徴―授業過程の学習行動及び指導行動と子どもによる授業評価との関係を中心にして　体育學研究　**45**(2), 147-162.

武田明典・村瀬公胤・会沢信彦・楠見　孝（2007）．大学教育におけるリフレクションを促す授業実践―教職教育の事例から　教員養成学研究　**3**, 23-34.

西田順一・橋本公雄・山本勝昭（2009）．「大福帳」を用いて対人コミュニケーションスキル支援を意図した大学体育実技が初年次学生の大学適応感に及ぼす影響　大学体育学　**6**(1), 43-54.

西原康行・高橋一栄・佐藤勝弘・生田孝至（2007）．大学体育教員の教授力量に関する研究―再現認知による初心者教員と習熟教員の比較　大学体育学　**4**(1), 3-13.

野田光太郎（2011）．花園大学新体操部のめざすもの―選手に育てられている監督　RG　**23**, 42.

野村一夫（1994）．リフレクション―社会学的な感受性へ　文化書房博文社．＝（2014）リフレクション　ソキウス〈http://www.socius.jp/ref/index.html（2014年12月19日最終確認）〉.

山口恒夫（2004）．臨床経験と省察（reflection）序説―言語行為論とコミュニケーション的行為再考　信州大学教育学部紀要　**113**, 109-120.

山口恒夫（2007）．臨床経験のリフレクションと「教育」を語る言葉―教師-生徒間の相互作用と「プロセスレコード」　臨床教育人間学会［編］リフレクション　東信堂，pp.5-26.

【授業実施のポイント（要約）】

[スケジュール]
- 本章で示した事例は，各回の授業のなかで行われるものであり，授業（コース）の構成は問題ではない。原則的には毎回の授業時に必ずとり入れられるものとなるだろう。

[準　備]
- 可能であれば学生の傾向や授業内容に関するスキルの程度を把握しておく。
- リフレクションのためのシート（大福帳など）またはツール（メール，SNS）を用意すること。

[授　業]
- ペアやグループを決める時間をアイスブレイクとして活用する。
- 教員との対話を，グループワークへの積極的参加の糸口とする。
- 5分程度の小休憩時間をもうけ，学生同士の自由な交流を促進する。
- 授業の最後5〜10分程度を記述のための時間にあてる。

【リフレクションのまとめ】

[紙]
- スペースをある程度以上埋めなければならないというプレッシャーから，多くの文章を書かせるのに適している。
- 手元に残らないので，授業時間外に授業のことを思い出させるのが難しい。

[メール]
- 授業時間終了後にも提出可とした場合は，ふりかえりを書く時間が限定されないため，せかされずにゆっくりふりかえりをしたい学生には向いている。
- 提出を忘れないよう促すことが必要になることも。
- 短文になりがちなので，長い文章を書かせる場合はスマホではなくPCから送信させるなどの工夫が必要。

[SNS]
- 他の学生の反応を見ながら自分の意見を組み立てることができるため，考えたことを言語化するのが苦手な学生も，ある程度のふりかえりを文章化することができる。
- メール以上に短文になりがちであり，また個人的な感想を書きにくくなる可能性があるので，少人数の授業で受講生同士の良好な関係づくりができたうえで使用させるのが向いている。

第3章 「情報と社会」における つぶやき授業
ICTで社会とつなぐ

● 師 茂樹

3-1 はじめに

①「情報と社会」について

　本章では，私が担当した講義科目「情報と社会」において，受講生の主体的な問題意識を喚起するべく，学生・教員間でゆるやかな双方向性を生み出そうとして行った「つぶやき授業」について報告したい。

　まず，簡単に「情報と社会」という科目について紹介しておこう。この科目は，花園大学の全学共通科目のなか，情報処理関連科目の一つとして設置された講義科目である。通常，情報処理系の科目はパソコン教室等で実習を行うのが一般的であるが，この科目を含めいくつかの科目は，高度情報化社会における"社会"常識や情報倫理，マナー，セキュリティなどについて学ぶための一般教養的な講義科目として開講されている。「情報と社会」では，ICT技術の発達にともなって社会制度がどう変化していくのかを，最新の事例や研究を講義しながら，次代の社会を担う学生たちに主体性をもって考えてもらおう，という趣旨の授業を行っている。

　シラバスに掲げている「授業のテーマ及び到達目標」では，以下のように述べている。

> 大きな目標としては，情報と社会に対するメタな思考ができるようになることを目的とする。つまり，現在の社会問題をどう解決していくか，という考え方ではなく，そもそもこのような問題を引き起こす社会はどのような構造で成り立っているのか，この社会とは別の社会のあり方にはどのようなものがあるか，というような一つ高い次元での思考ができるようになることである。短期的な目標としては，検索エンジンやソーシャルタギングなど，現在の情報社会を動かしている主要な技術について一定の理解を得ること。

　いささかわかりにくい表現であるが，ここで「この社会とは別の社会のあり方にはどのようなものがあるか」と述べていることには，社会のあり方を決めるのは"偉い人"なのではなく，あくまで構成員である市民が作っていくものであり，学生もまたその市民の一部なのである，という意識を学生にもってもらいたい，という思いがこめられている。

　学生はとかく，社会制度を変更不可能な所与のものと思いこみがちである。社会に対する問題意識が高い学生であっても，現在の社会の枠組みを絶対条件とし，そのなかでどのように問題解決を行うか，という思考をしてしまう。そして私は，そのような思考が，しばしば「問題解決は無理」という結論に至るのを何度もみてきた。

　一方，英雄の力によって革命的に社会をリセットし，社会構造を新たに作り直すことを夢想することは，若者らしいのかもしれない（実際，そのようなマンガやアニメが現に楽しまれている）が，残念ながら現実はそれほど単純なものではない。しかし，学生に対して社会をよくするにはどうすればよいか？と質問を投げかけると，「政治家を全員やめさせればいい」，場

合によっては「政治家を全員殺せばいい」というような答えが少ないながらも一定数返ってくる。このような極端な思考は，先ほどの「問題解決は無理」という考え方の裏返しなのであろう。今の枠組みのなかで現状を変えていくことが無理なのだとすれば，非現実的な方法しかないのではないか，という発想である。

そのような意見がある反面，実際にテロリズムによって社会を変えていこうとしている人々のことをどう思うか，と学生に質問すると，「あの人たちは洗脳されている。頭がおかしい」というような回答をする学生も多い。これもまた，自身が属している社会を絶対視してしまう感覚の一バリエーションなのだろうと思う。今，自分が属している社会の「常識」とは別の「常識」で生きている人々にも，それなりの理屈があり，もしかすると彼らからみれば私たちのほうが「洗脳されている」ようにみえるのかもしれない，ということへの想像力が働かないのである。

もしかすると，以上のような素朴な問題意識や意見をもっているだけでも，学生の段階では十分なのかもしれない。しかし近年，ICT（Information and Communication Technology）が発達することにより，個人が社会に対して発言をしたり，地縁などを越えて同志を募り活動を行ったりすることが容易になってきている。かつての権威であったマスコミや学者の発言が相対化され，志のある個人や，地縁でも血縁でも世代でも学閥でもない個人の集まりが，徐々に発言力をもってきている。民族や国境を超えたネットワークが形成され，新たな共同体もできつつある。従来の社会の枠組みとは異なる変化が，ICTによって起きつつあるのである。

そのような変化に対応し，主体的な活動に一歩踏み出すために必要なのは，社会を固定的で変更不可能なものと考える思い込みを取り除き，できるだけ広い思考の振り幅のなかで，「この社会とは別のあり方」を思い描くことができる思考のスキルではないかと思われる。「情報と社会」で目指すのは，10年後には使いものにならない情報処理のトレンドの知識ではなく（もちろん，そのような知識もないよりはあったほうが何倍もよいが），社会制度や社会構造に大きな変化を生み出すような動きについての知識の獲得と，それを踏み台にして「この社会とは別の社会のあり方」について思考する訓練である。いうまでもなくそれは，テロリズムによる革命を肯定するものではないし，どんな社会にもそれなりの理屈がある（から，どれがよいとは言えない）というような相対主義を是とするものでもない。

2013年度の「情報と社会」では，15回の授業計画が表3-1の通りとなっている。この年度では，ICTの発達によって民主主義（コミュニティの方向性を構成員の議論によって決める方法）が多様化し，「民主主義」と聞いて私たちが思い浮かべるものとは異なるものまで「民主主義」と呼ばれるようになっていることを紹介しながら，ICTを使った新しい民主主義は可能なのか，そもそも今の民主主義の方法が最善なのか，といったことを学生とともに考える授業を行った。

参考文献として，イーライ・パリサー『閉じこもるインターネット　グーグル・パーソナラ

表 3-1 「情報と社会」授業計画

第1回	オリエンテーション，イントロダクション
第2回	参院選をふりかえる
第3回	監視社会をめぐる言説
第4回	常時監視社会と工学的民主主義 （1）
第5回	常時監視社会と工学的民主主義 （2）
第6回	Googleの掲げる「民主主義」
第7回	Google PageRank，Amazonのリコメンド
第8回	笑い男事件 （1）
第9回	笑い男事件 （2）
第10回	ソーシャルタギングとニコニコ動画
第11回	著作権
第12回	初音ミク出馬？
第13回	一般意志 2.0 （1）
第14回	一般意志 2.0 （2）
第15回	まとめ

イズ・民主主義』（早川書房）を指定した。この本では，民主主義において必要な異なる立場の人々どうしの対話を，GoogleやFacebookなどが阻害しているのではないか，という問題提起を行うとともに，それに対する対抗策を提案している。学生に「読め」といってもなかなか読める本ではないので，授業外に読書会を行って，教員（私）の解説つきで毎週少しずつ読み進める，ということも行った（後述）。

②一方的な講義から双方向的な講義へ

　この科目の受講生は毎年100人程度である。上述の通り受講生には，自分が社会の構成員であるという自覚のもと，今の社会と違う制度の社会はどのようなものなのか，社会を変えるにはどうすればよいのか，という思考実験をしてもらいたいと考えている。2008年にこの科目を担当するようになってから，学生をそのような思考に導く授業のあり方や課題の出し方にはどのようなものがあるかを考えてきたが，最初からうまくいっていたわけではない。

　科目を担当しはじめたころは，そのような思考実験を促す方法が思い浮かばず，コミュニケーション・カードに毎回の授業の感想を書いてもらい，翌週の授業でそれに対するコメントをする，という程度のことしか行えなかった。

　この方法は，教員のやり方しだいでは十分に学生とのコミュニケーションをとることが可能であろうが，逆に何となく書かせている教員も少なくないためか，学生のなかには極端に省力化されたコメント（「今日の授業で○○について知ることができてよかったです」というようなもの）しか書かない者も少なくない。しかし，一部の学生から返ってきたコミュニケーション・カードには，授業の内容に対する批判的なコメントや，主体的な問題意識の片鱗が見え，これを何とかして全学生に拡張できないか，という模索が始まった。

　2010年にNHK教育テレビで放送されたハーバード大学のマイケル・サンデル教授による「ハーバード白熱教室」（全12回）は，この科目とも関連する「正義」というテーマもさることながら，その双方向的な授業のスタイルが大きな刺激となった。「正義」とは何か，といった倫理的な問題をめぐる教員と学生との対話は，学生の倫理意識や主体的な思考を喚起するために有効であるに違いない。しかし，サンデル教授があのような学生・教員間の積極的な対話を成立させるために，裏で多くの課題図書を課し，ティーチング・アシスタントによる確認授業も行っていると知り，彼我の教育環境の差に意気消沈することもあった[1]。

　現在，少人数でグループワークなどを行う授業が増えているとはいえ，大学の授業の多くは教員が学生に対して一方的に知識を伝授する講義型授業である。100人以上の学生が受講する講義型授業で，少ないリソースのなか，学生の主体的な問題意識を喚起し，受動的ではない受講を可能にする方法が求められているように思う[2]。最近では，講義をインターネット上のビデオ教材などで代替し，教室では学生個々の指導などを行う，いわゆる反転授業が注目されている。これもまた講義型授業を改革しようという一つの方向性であろうが，大学での導入は遅

---

1) このような諦観は短絡であったかもしれないと，現在では反省している。マイケル・サンデル型の教授法について研究している京都産業大学の学生FD「燦（SAN）」の取り組みは参考になるだろう（林ら，2013など）。
2) 日本の事例としては，関西大学・長谷川伸准教授による300人の受講生との双方向授業の事例も参考になるだろう。長谷川氏は「「教室は一方的に教員が講義をして学生が聴く」「勉強は一人でするもの」「大学の授業は教員のもの」という価値観をすべてひっくり返した，「学習者中心主義」を標榜して」おり，ラベルなどの小道具を用いたグループワークなどを行っている〈山内太地「関西大学商学部　300人相手の双方向授業：世界の大学めぐり」http://tyamauch.exblog.jp/15609677/，2011年3月4日（2014年9月15日最終確認）〉。この事例でも，教員1名，ボランティアの学生が数名という体制で行われており，教員の負担は小さくないと思われる。

れているように思われる。

　私自身は，講義型の授業がすべてグループワークなどに置き換わればよい，とは思っていない。講義を聴くだけでは5％しか定着しない，というラーニング・ピラミッドの知見を参照するまでもなく，学生を受け身にさせる旧来型の講義では，教員の話も学生の頭を通り抜けるだけであり，話術だけで学生の主体性を喚起することは難しいであろう。一方で，この「情報と社会」の場合，いきなりグループワークで情報化社会のことについて議論させても，予備知識がなければ学生のもつ狭い「常識」のなかで思考をめぐらせるだけで終わってしまうかもしれない。常識そのものに疑いの目を向け，「この社会とは別の社会のあり方」について主体的に考えさせるためには，常識を突き崩してくれるようなさまざまな事例を，できる限り丁寧に紹介したい。したがって，知識の伝達方法としては効率的な講義型の授業のなかで，主体性を喚起するような教員と学生との対話を実現させたい。さらに言えば，情報処理系の授業ということもあるので，できればICTを用い，低コストでできないだろうか……。

　そのような虫のよいことを考えていたところ，追手門学院大学で開催された「学生FDサミット2011冬」（2012年2月25～26日）において，京都文教大学の「つぶやき授業」の実践報告を聴講する機会を得た。つぶやき授業の詳細については次章にゆずるが，ごく大雑把にいえば教室限定のTwitterのようなシステムである。受講生が携帯電話やスマートフォンでつぶやく（投稿する）[3] と，教室のスクリーンにそれが随時映し出される。教員はそれを見て，つぶやきに対して何らかの反応を返しながら授業を行うことで，ゆるやかな双方向性が生まれる，というものである。

　この報告を聞きながら，実際に自分のスマートフォンからつぶやいてみた結果，これは上記の要求を満たすものではないかと思い，早速翌2012年度から「情報と社会」に導入することを決心した。京都文教大学の方々から許諾を得て，自身でシステム開発をし，授業設計を行った。以下，2012年度，2013年度に行ったつぶやき授業の実践について報告したい（2012年度のほうがさまざまなデータを記録しているので，そちらが報告の中心となる）。

3-2　「つぶやき授業」による授業実践

①システムの概要

　「つぶやき授業」は，上に述べたように，受講生が携帯電話やスマートフォンで授業の感想や質問などをつぶやくと，教室のスクリーンにそれがリアルタイムで映し出される，というものである。教員はそれを見ながら講義を行い，適宜つぶやきに対して何らかのフィードバックをすることで，ゆるやかな双方向性が生まれる，というものである。

　同様の方法としてTwitterを用いた授業実践は数多くなされており（岡本, 2010），私も何度か試みたことがある。しかし，実際にはそれほど人の目に触れるわけではないとはいえ，全世界に公開されているなかで授業についてのコメントをすることは，特にTwitterに慣れていない学生にとっては「二の足を踏んでしまう」（川瀬, 2010）のに充分である。私が試みた際も，あまり盛り上がらずに終わってしまった。これに対し「つぶやき授業」は，インターネットを用いてはいるものの，投稿者・閲覧者が教室のなかに閉じており，しかも投稿者（主に学生）は匿名であることが保証されている。それにもかかわらず，学生からは「つぶやきは匿名なの

---

[3] Twitterにおける"tweet"という単語は「さえずり」というような意味であるが，日本では「つぶやき」と訳されることが定着している（カタカナで「ツイート」といわれることもある）。

図 3-1 「つぶやきフォーム」と教室のスクリーン

か」という質問が授業期間中，何度も繰り返されていたのは，匿名性が自由なつぶやきの条件であることの裏返しなのではないかと思う。

　大学の授業において，学生が匿名であることを保証する，というのも，よく考えれば奇妙な話ではある。ただ，「情報と社会」という授業では，民主主義というテーマを扱っている以上，特定の政治的な立場を前提とするようなつぶやきがなされることもしばしばある（私自身が教壇から自身の政治的な意見を述べることもあるが，それを受講生に押し付けるつもりではない，ということは何度も注意している）。また，「この社会とは別の社会のあり方」について考えるために，SF 的，非現実的とも思われるような議論も講義のなかで紹介するので，それに反応した学生のつぶやきには荒唐無稽なものも時折見られる。このような匿名のつぶやきは，通常であれば知ることのできない受講生の政治的立場や授業中の妄想の可視化であり，これは言わば現在の ICT 社会の縮図とも言える。したがって，これを制限することは「情報と社会」という科目にとって著しいマイナスであると判断した。しかし，別の科目ではこのような自由な発言が場を弛緩させるなど，匿名性が教育効果を損ねる場合もあるかもしれない。匿名であることの良し悪しは，科目の内容や形態に応じて検討される必要があるだろう。

　さて，京都文教大学で開発された「つぶやき授業」のシステムは，Google ドライブ[4]のフォーム機能を用いている。Google ドライブとは，ファイルなどをインターネット上に保存してどこからでもアクセスできるようにするクラウド・ストレージのサービスに，ウェブブラウザ上で動くワープロや表計算などのオフィス・ソフトなどが統合された，Google 社が無料で提供するウェブサービスである。

　フォーム機能は，インターネット上でのアンケート調査を簡単に行うためのサービスで[5]，ウェブ上に設置されたフォームに入力されたデータが Google スプレッドシート（表計算ソフト）にリアルタイムで保存される機能である。「つぶやき授業」は，要点だけをいえば，このフォームで学生に授業の感想や質問を入力させ，教室のスクリーンにはスプレッドシートの集計画面を表示する，というものである（図 3-1）。もちろん，同様のことが実現できるのであれば

4）https://drive.google.com（2014 年 12 月 19 日最終確認）
5）詳細は「Google ドキュメント エディタ ヘルプセンター」〈https://support.google.com/docs/〉（2014 年 12 月 19 日最終確認）〉のフォームの項を参照。

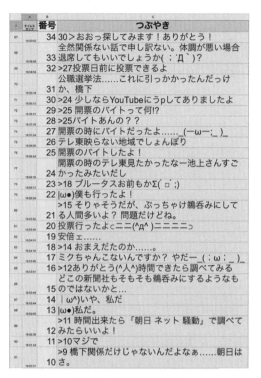

図 3-2　各発言の通し番号

Google ドライブを使わなくてもよいが，無料で手軽に設置できる点は利点といえるだろう[6]。

　京都文京大学のシステムでは，つぶやきの表示を時間逆順（新しいつぶやきが一番上）で並べ替える機能や，いわゆる「荒らし」（不適切な投稿を繰り返すことで，つぶやきによるコミュニケーションを阻害する行為）を防止するために，不適切な投稿を人力でフィルタリングする機能なども追加されている。

　「情報と社会」の場合，受講生どうしが対話をしやすいように，各発言に通し番号をつける機能を追加している（図 3-2）。つぶやきを使った受講生どうしの対話は，通し番号が追加される以前から，私が指導することなく受講生間で自然に発生した。通し番号は，対話をしやすくするために番号が欲しい，という受講生からの要望によって追加したものである（図 3-2 中の「>25」は，番号 25 の発言に対するコメントであることを意味する）。また，授業とは関係がない発言も多少見られるが，「荒らし」のようなことは現在のところ起きたことがないので，「荒らし」防止機能はつけていない。これらのカスタマイズは，スプレッドシートのスクリプト機能によって実現できる（プログラミングのスキルが必要）。

　「つぶやき授業」のシステムは，外見としては Twitter に似ているが，実際の感覚としては「リアルタイムで配信される映像を視聴しながら，コメントやアンケートを楽しむことのできる，ネットライブサービス」であるニコニコ生放送[7]に近いかもしれない。ニコニコ生放送では，テレビ番組と同じようにリアルタイムで放送される番組に対して，視聴者がコメントをす

---

[6] 教員側の Google ドライブの利用には，無料のユーザ登録（アカウントの取得）が必要である。学生側ではユーザ登録は不要であるが，Google ドライブにかぎらず，Google のサービスを利用した場合には，アクセスしている端末とその IP アドレス，書き込んだ内容などが，ほぼ間違いなく Google のユーザ分析等に利用されることは，学生にあらかじめ周知したほうがよいだろう。「情報と社会」は，そのような Google のあり方も含めて講義しているので，言わばそれ自体が教材になっている側面もある。

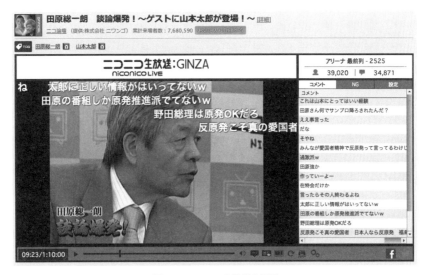

図 3-3　ニコニコ生放送の画面

ると，そのコメントが画面上を流れていく仕組みになっている（図 3-3）。番組出演者はスタジオでこのコメントを見ており，コメントに対して反応をすることがあるので，それが一般のテレビ番組にはない出演者と視聴者との一体感，あるいは視聴者どうしの一体感（実際には遠く離れているにも関わらず，家族や友人といっしょにテレビを観ているような感覚）のようなものを生み出している。「つぶやき授業」がうまくいっているときの感覚も，この一体感に近いのではないだろうか。

② 「情報と社会」におけるつぶやき授業①　準備
[1] 教室環境

つぶやきを表示するためには，図 3-1 のように，全学生に見えるようなプロジェクターとスクリーンなどの映像環境と，インターネットに接続された PC が最低 1 台必要となる。

よくある大学の講義と同様，私もまた「情報と社会」において PowerPoint のスライド（スライドの内容とほぼ同内容のレジュメを配布）で要点を提示しながら授業を行っている。また，それ以外にも，論文やマンガの一部を印刷したものを配布してそれを読んだり，映画やアニメ，テレビ CM などの映像をスクリーンに映し出したりしながら授業を行うことがある。そのため，つぶやきを表示するプロジェクター，スクリーンとは別に，スライドや映像を表示するためのプロジェクターとスクリーンがある教室を使用し，PC も 2 台用意している（図 3-4）。2 台のPC やプロジェクター等をセットアップするには 10 分程度の休み時間では短いので，可能ならばアシスタントがいたほうがよいだろう。

近年，授業でスライドを使用することが普及していることもあり，プロジェクターやスクリーンを複数もっている教室も珍しくない。しかし，複数のプロジェクターやスクリーンがあっても，すべて同じ画像・映像しか映し出せないところもある。複数のプロジェクター，スクリーンがそれぞれ独立しており，つぶやきと別にスライド等を映し出すことができる教室かどうかを確認しておく必要がある。

なお，このような環境で授業をする前は，二つのスクリーンに異なったものを写す（しかも一方は，つぶやきによってどんどん内容が変化する）のは，受講生の集中力を阻害するの

---

7) http://live.nicovideo.jp（2014 年 12 月 19 日最終確認）。

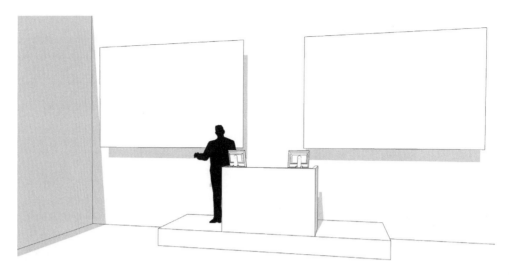

図3-4 つぶやき表示のイメージ

ではないかという懸念もあった。しかし実際に授業を行ってみて受講生に感想を聞いてみると，それほど負担ではなかった，という答えが多かった。ただし，特に授業と関係のないつぶやきが続くと，「気が散る」という感想が増えてくる。

「つぶやき授業」をやってみて気づいたのは，授業の教材として映画などを上映するような場合，つぶやきがあることで映画に対する興味が持続する効果があるらしい，ということである[8]。部屋を暗くして一つのスクリーンに映画を流すだけだと，授業というより上映会になってしまい，映画の内容によっては寝てしまう学生もでてくる。かといって，教員がマイクでコメントを入れたりすると，映画の流れが寸断して気が散ったり，セリフなどが聞き取りづらくなったりする。映画が上映されているスクリーンの横で，教員による解説のつぶやきや，受講生による気づきや感想などのつぶやきが流れていくことで，単なる上映会から授業らしいものになる。上に述べたように，通常の授業におけるつぶやきがニコニコ生放送のような効果があるとすれば，映像資料の提示におけるつぶやきはニコニコ動画[9]のコメントに対応するのかもしれない。

[2] 授業準備

通常の科目と同様，つぶやき授業においても事前の授業準備やシラバスの設計は欠かせない。シラバスには，「つぶやき授業」を行うことを明記しておいたほうがよいだろう。

システムを導入するだけでは，残念ながら学生はつぶやかない。「つぶやき授業」において学生のつぶやきを促進するためには，つぶやきやすい内容の"ネタ"を講義のなかに織り込んでおく必要がある。もちろん，つぶやきを増やすことを優先するあまり講義の本筋が曖昧になるというのでは本末転倒ではあるが，グループワークでもアイスブレークのような内容と直接関係のないワークを行うことで全体の教育効果を高めることがあるように，多少授業内容から脱線したとしても，いくつかの"ネタ"の準備をしておくことでつぶやきが増え，授業全体が活

---

8) 最近では「Twitterによるテレビ視聴への誘引効果」が重要視され，ビデオリサーチ社は2013年から視聴率とともに「Twitter TV指標」の提供を開始している〈http://www.videor.co.jp/press/2013/131210.htm（2014年12月19日最終確認）〉。

9) http://www.nicovideo.jp（2014年12月19日最終確認）

性化する。

　筆者の経験において，学生のつぶやきが促進されるような話題には，以下のようなものがあった[10]。

● 意見が割れそうな話題（原発の再稼働に賛成か反対か，など）
● 学生にとって身近な話題，時事的な話題（いわゆる「バカッター」[11]の話題など）

　これらの話題は，「さあ，皆さんは原発再稼働についてどう思いますか？」というような形で学生に問いかけるよりは，さりげなく講義のなかに織り込んでおくほうが，つぶやきが多くなるように思われる。ただし，以上のことはあくまでも私の印象にすぎない。私が一生懸命考えた"ネタ"が，まったく無反応であったことは何度もある。

　また，受講生の多くは「つぶやき授業」を体験したことがないので，どのように参加すればよいのか，どんなことを書けばよいのかわからずに第一歩が踏み出せないケースも少なくない。初回の授業で図3-2のようなつぶやきの例をプリントなどで配布しておくと，つぶやきへの参加の敷居が下がるようである[12]。また，可能であればつぶやきが得意な学生（前年度の受講生など）を授業に参加させ，積極的につぶやきをさせると，それに引っ張られて一般の受講生のつぶやきも活性化する。

　学生がノートを必死にとらなければならないようなタイプの授業は，「つぶやき授業」には向いていない。スマートフォンを操作するための，ある程度の時間的な余裕は必要である。授業設計においては，時間配分も考慮すべきであろう。

③ 「情報と社会」におけるつぶやき授業②　教室での授業

　実際の授業では，つぶやきの画面に目配りをし，適宜つぶやきに反応しながら，講義を行わなければならない（図3-5）。私もしばしばやってしまうのだが，講義が興に乗ってしゃべるのに夢中になってしまうと，つぶやきが目に入らなくなり，ただの講義になってしまう。そうなると，つぶやきは減少する。「つぶやき授業」をうまく行うためには，それなりの経験が必要であろう。

　つぶやきがまったくない，ほとんどない，というような状況は寂しいものであるが，逆につぶやきが予想以上に活性化した場合には，それをどう扱うべきか判断に迷う場合がある。筆者の経験としては，次のようなことがあった。まず，受講生に対しては，次のような問いかけをした。

---

10) 岡本真はTwitterを用いた授業の「教訓」の一つとして，「授業内容に関連した書き込みを促すため，共通の質問を授業の中に織り込んでおく」ことを提案している（岡本, 2010）。
11) アルバイト先の冷蔵庫の食材のうえに乗っかって写真撮影するなど，迷惑行為，非常識な行為，あるいは犯罪行為を，おもしろがって写真に撮り，Twitterなどで公開する人のこと。このような行為をした大学生のなかには，匿名のユーザによってTwitterやブログなどで大学名や実名を晒され，大学や内定先の企業に通報されるなどの制裁を受ける者もいた。また，マスコミ等でもとりあげられ，大きな話題となった。
12) 岡本はTwitterを用いた授業の「教訓」の一つとして，「授業を受けながらの書き込みの実際を想像できるように，Twitterと連動したUstreamの番組を事前に見せておく」ことを提案しているが（岡本, 2010），これはロールモデルとなる学生を確保することに通じるであろう。

図3-5 つぶやき授業の様子

> ある王国の話です。
> その国の王様は，いつも国民の生活に関する情報を集めて，国民の望んでいることをすぐに実現します。
> 国民は，王様がいつの間にか，環境を改善してくれるので，不満に思ったことがありません。
> ……これは，皆さんにとって「よい社会」ですか？

　この「王国の話」は，主に Google のことを念頭に置いた喩え話である。Google はユーザの行動（何を検索したか，何をクリックしたか，スマートフォンを持ってどこに行ったか，など）を逐一記録し，そのデータをもとにユーザの行動を嗜好や傾向を予測して，検索の際にはその予測をもとに結果を変えたりしている（パーソナライゼーション）。たとえば京都に長く滞在している人には京都の情報が優先的に検索結果として表示される，という具合である。Google が提供するこのような「サービス」は，現在のところ「王様」ほど有能ではないのだが，「王国の話」ではそれを理想化した形で提示したのである（この話を提示したときも活発なつぶやきが見られたが，ここでは省略する。質問に対する回答はコミュニケーション・カードで回収している）。

　人々の行動を逐一記録する社会といえば，ジョージ・オーウェルが『1984年』で描くビッグブラザーによる常時監視社会のようなディストピアを思い浮かべがちである（授業では『1984年』も紹介している）。しかし実際には Google の目指す「サービス」のように，常に監視されているにもかかわらず，必ずしも『1984年』的なディストピアではない社会もあり得るだろう（それが望ましいものであるかはともかく）。法学者の白田秀彰が「ある特定の個人が別の特定の個人を監視するリトルブラザー的な社会になるよりも，完全に非人格化されたビッグブラザー社会のほうがましである，という考え方も可能かもしれない」と述べるように（東・濱野，2010：332），ビッグブラザー的な監視社会を部分的に擁護するような意見もある（これも授業で紹介している）。

　このような多様な意見を紹介するのは，これまで述べてきたことからも想像していただける

と思うが，現代日本の民主主義社会だけが唯一の民主主義のやり方ではない，ということを理解してもらうための仕掛けである。「王国の話」に対しては違和感を表明する学生が多く，現代日本以外の社会のあり方を想像することは学生にとってはハードルが高い。興味深いことに，上の「王国の話」のような社会を Google は「民主主義」的な社会と呼んでおり，それが Google の成功とともに，IT 社会では一定の支持を得ている。

このような話をしたところ，つぶやき上では表3-2のような議論が発生した（読みやすくするために実際の表示順とは逆に並べ，議論と関係のないつぶやきは省略）。現代日本の民主主義を相対化しようとする講義内容に刺激されたのか，68番の学生が民主主義そのものを否定する意見を表明したところ，それに対してコメントが続出したのである。この議論は20分以上続いた（91番あたりで授業が終了している）。つまり，講義が別の話題に移っても，この議論はなされていたのである。1分に1回程度のつぶやきではあるが，スマートフォンでの文字入力の時間なども考えると，ひっきりなしにやりとりが行われているといってもいいほどの頻度である。

私としては，講義を中断してこの議論に介入すべきか，つぶやきを無視して講義を継続するか迷ったが，結局のところ講義を優先した（無視しようと思ったら無視できるのも「つぶやき授業」のメリットかもしれない）。その判断が功を奏したのかどうかはわからないが，89番，92番などのつぶやきからもわかるように，受講生は満足感を得たようである。この議論のあいだ，

表3-2 「王国の話」の際のつぶやき

68	絶対王政で良いやないか……とか一時期考えてたなぁ。天皇主体で
71	どんなものにも穴があるから，完璧で全員が納得するものなんて考えつかないんですよね
72	楽しそうな話題だったのに……
73	>68 幕末にあった尊王思想みたいな（?_?)
74	68> また戦前みたいになるんじゃないの？
75	>74 下手するとありえるな…
76	>73>74 てか今の社会よりマシだと真剣に考えてた。
77	76> それは何故？
78	>76 先導者が必要ってことかな？
79	>77 少なくとも常識のある人ばっかだったよなって。今の人なんて自己中しかいない訳だし
80	>78 そんな感じ
81	そりゃ歴史に名を連ねるのは人格者の人格的な部分だけだろうさ。
82	>79 自分よりも『国』優先な感じはするかな
83	>81 まぁごもっともなんだが……
84	>82 他者に迷惑かける人がいなくなる国とか素晴らしいねって事で。理想論だが
85	じゃあ優秀な先導者の条件は？
86	>85 後継正しく導ける人材とかかな。後は本当に先生の言ってる通り。
87	要するに社会が回ってれば，それでいいと
88	議論関係お目汚し申し訳ありませんでした＿(・ω・＿)＿
89	討論みたいなの凄く楽しかったですーありがとうでした＿(・ω・＿)＿
90	>87 それだけじゃダメでしょ (*_*)
91	おつかれさまでしたー
92	議論できて，たのしかったです。
93	ありがとうございます（＾＾）ノシ

私の講義内容がどの程度学生に届いていたのかどうかはわからないが，86番を見るかぎり，彼（女）らは私の講義を聞きながら議論をしていたようである。

このような，講義の進行とつぶやきのどちらを優先するか，という葛藤は，つぶやきが活発な「つぶやき授業」ではしばしば発生する。私は現在，このような議論は，主体的な問題意識をもって聞いている学生が頭のなかで行っている内省，黙考を可視化したものではないか，と暫定的に考えている。そして，表3-2の例では，絶対王政の（再）導入を「真剣に考えてた」学生の存在が可視化されたことで，他の受講生の潜在的な問題意識をも活性化させたように思われる。

大学教育が単なる知識の伝達ではなく，得られた知識に基づいた問題意識をもち，それを解決するために主体的に取り組むことを目指すものであるとすれば，それなりに成功したと言えるのかもしれない。

④「情報と社会」におけるつぶやき授業③　課外での取り組み

「つぶやき授業」とは直接関係することではないが，「情報と社会」における授業実践として課外の読書会とSNS（Social Networking Service）の活用を行ったので，それらについても簡単に報告しておきたい。

先にも述べたように，「情報と社会」においては，参考文献（パリサー，2012）を指定し，希望者を募って読書会を行ってきた。講義をもとに受講生が問題意識をもつためにはそれなりの教養が必要であるが，講義で伝えることができる情報量には限界があるので，参考文献を読んでもらいたい。しかし，参考文献を指示するだけでは残念ながら学生のほとんどはそれを読むことはない。また，この参考文献はそれなりに歯ごたえのあるものでもあるので，自力で読み通すことができない学生もいる。読書会はこれらの問題を少しでも改善するべく，試みているものである。

図3-6　授業用のSNS

具体的なやり方としては，章ごとに担当者を決め，担当者は章の要約レジュメを作成して，内容を発表する，という形で進めている．読書会に慣れていない学生も多いため，最初の数回は私が担当し，後の章は学生が担当して私が補足をする，という形にしている．参加者は10人程度で，受講生の一割程度に過ぎないが，レポートの課題が参考文献を読むことを前提としていることもあり，読書会参加者のレポートは他の学生よりも高い質のものとなっている．

読書会に加えて，学生向けポータルサイト内に設置された授業用のSNSを活用して，授業の補足説明や関連情報の提供を行っている（図3-6）．このSNSには基本的な機能しかないが，受講生はここで質問や意見を述べることができる．また，つぶやきのログ（記録）を復習のために読み直したい，という受講生の希望により，毎回のつぶやきを掲示板で公開している．

実質的な発言（「こんにちは」のような単なる挨拶や，授業と関係のないおしゃべりではない発言）に対しては平常点をプラスする旨を受講生に周知しているので，一部の学生とのあいだではコミュニケーションをとることができているが，受講生全員との対話には至っていない．

3-3 授業に対する評価

①学生からの評価

「つぶやき授業」に対する学生からの評価は概ね好評である．毎回配布しているコミュニケーション・カードには，次のような意見が寄せられる．

- 教員が一方的に話す授業とは異なり，学生が気軽に参加できるのがよい．
- いろいろな人の意見，反応が見られてよい．
- ディスカッションができてよい．
- 眠くならない．

最後の「眠くならない」というのは，教壇から学生を観察していてもはっきりわかる．授業参観をした教員からも，「かなり難しい，抽象的な内容のことを話していても，学生が寝ないで聞いているのにはびっくりした」というような意見をもらっている．

ちなみに，初回には，物珍しさからか「最先端の授業ですごい」「今まで受けたことがない形なのでおもしろい」というような好意的な感想が受講生から寄せられる．目新しさでモチベーションが一時的に高まることは事実であるが，しばらくして慣れてしまえば当然ながらそのような感想はなくなってしまう．目先を変えるためだけにICTを使うのは，本質的な解決にはならないだろう．

好意的な意見がある一方で，不満点も少なからず寄せられている．中でも一番多いのが携帯電話やスマートフォンの問題である．

- つぶやきのシステムと携帯電話との相性が悪く，つぶやけない．
- パケット代がかかるので，つぶやけない．
- スマートフォンの電源がなくなってしまう．

「つぶやき授業」のようなインターネットを使ったシステムは，常に携帯電話などの端末との相性の問題がつきまとう．その多くは，携帯電話の側がインターネットの標準（規格）に準拠していなかったり，通信回線や処理能力が劣ったりするために起こるので，教員側では対応が

難しい。電源の問題については，教室に延長コードを持ち込んで対応した。

また，つぶやきというコミュニケーション形態に対する違和感，拒否反応もみられる。

> ● 「2ちゃんねる」のような書き方[13]は好きではない。
> ● つぶやきを導入することで，かえって受講生のコミュニケーション能力が下がると思う。
> ● つぶやけないと面白くない。つぶやき組とつぶやけない組でわかれちゃったなと思う。

最後の意見について補足しておくならば，教員はどうしてもつぶやきに反応をする授業をするので，つぶやいていない学生の中には疎外感を感じる者もいるようである。「情報と社会」では，つぶやけない（あるいは，あえてつぶやかない）受講生とのコミュニケーションのために，コミュニケーション・カードを毎回配布，回収し，それを次の授業で紹介することで，全受講生との双方向性を何とか確保しようとはしているが，つぶやきへの参加・非参加で差がでてしまうことは否めない。

以上は，コミュニケーション・カードやつぶやきなどで寄せられた感想であるが，それとは別に授業評価アンケートも行われているので，2012年度の結果も簡単に紹介したい。2012年度のアンケートの質問項目は表3-3の通りである。

この中，下線を引いた項目が，全体の平均を大きく上回ったものである。特に8や10が高かったのは，「つぶやき授業」が所期の目的をある程度達していることを意味すると思われる。

一方，平均よりも低かった項目としては5，9があげられる。5については，スライドとプリントを使った授業をしているので，黒板（ホワイトボード）をほとんど使っていないためであろう（授業の問題というよりアンケートの問題）。9については，上述の参考文献を読むことや，事前に映像作品などを見ることを課題としているつもりであるが，毎回小テストを課すような他の科目と比べると課題が出ていないと思われているのかもしれず，今後工夫が必要かもしれ

表3-3 授業評価アンケート

1. 授業はシラバスに沿って行われていますか。
2. シラバスに記してある目的が授業で明確にされていますか。
3. 授業で使われている教材（テキストや配布資料）は適切ですか。
4. <u>先生の話し方はハッキリしていて聞き取りやすいですか。</u>
5. 先生の黒板の使い方は適切ですか。
6. <u>先生は必要に応じて視聴覚教材を活用していますか。</u>
7. 授業の内容は分かりやすいですか。
8. <u>授業内容の内容は興味や関心を抱かせますか。</u>
9. 先生は必要に応じて課題を出していますか。
10. <u>先生は考えさせ，発言や質問をするように促していますか。</u>
11. 先生はあなたの質問や相談に適切に対応していますか。
12. 先生の授業に対する取り組みに熱意や情熱が感じられますか。
13. 先生から学問や生き方について刺激や影響を受けますか。
14. <u>この授業を他の友人や後輩に受講するように薦めたいですか。</u>
15. この授業に対するあなた自身の総合的な評価を示して下さい。

---

[13] 「ｷﾀ━(ﾟ∀ﾟ)━!」のようなアスキーアートを用いたコミュニケーションが，学生のあいだでリテラシーとして定着している点は，本章のテーマとは別に興味深いところである。

ない。

②教員からの評価

「情報と社会」は，私がTwitterで毎回の反省を行うなどしていたため[14]，授業の見学が何度かあった。また，花園大学がFD（Faculty Development）の一環として行っている「教員相互の授業参観」において，2012年度にこの科目が対象となったので，そこでも数人の教員が参観に来た。以下にあげるのは，「教員相互の授業参観」に参加した教員からの「つぶやき授業」に対する評価である（原文そのままではなく，表現を若干改めている）。

- 学生がわからないところや感想をつぶやく仕組みとなっており，大教室でも学生が参加できる工夫がされている（同様の意見が複数）。
- 先進的感覚，創造性豊かな授業であり，それが学生の心をつかんでいた。
- 学生は教員とコミュニケーションがとれて喜んでいるのではないか。
- 授業の最後で，学生の誰もが一生懸命自分の想いと考えをコミュニケーション・カードに記入する姿から，授業の工夫と成功を感じた。

教員どうしということもあり，社交儀礼的なものも含まれているとは思うが，私自身の印象や，学生の肯定的な評価と重なる部分が多いように思われる。

3-4 おわりに

以上，「情報と社会」における「つぶやき授業」について紹介した。さまざまな課題は残っているが，授業の中で手軽に，ゆるやかな双方向性を作り出すことで，受講生の主体的な問題意識を喚起したいという試みは，ある程度達成できているように思われる。読者諸賢からのご批判，ご意見等があれば幸いである。

「つぶやき授業」は，単なる双方向性を生み出すツールというだけでなく，ICT社会の縮図になっている，という側面もあるように思う。匿名の発言がコミュニティ（ここでは教室）全体に良かれ悪しかれ影響を与える様子を実感しながら，学生はこの授業を受けているのである。このような面は，「情報と社会」という授業に限った話ではあるが，授業のあり方自体が教材になっているということができる。いわば，"受講生の教材化"である。これは，私にとっては，興味深い発見であった。

なお，筆者が作ったシステムは，自由に利用，改変，再配布していただいてかまわないので，この報告を読んで「つぶやき授業」をやってみたいと思った方がいらっしゃる場合は，私の方まで連絡をいただきたい。

---

14) Twitterでの筆者の反省は，http://twilog.org/moroshigeki の2012年9月27日から2013年1月10日にかけて（年末年始は除く），ほぼ毎週木曜日（日によっては翌金曜日まで）に記録されているので，関心のある方は参照されたい。

【引用・参考文献】

東　浩紀・濱野智史［編］（2010）．ised 情報社会の倫理と設計 倫理篇　河出書房新社

岡本　真（2010）．大学授業への Twitter 導入の事例報告―大妻女子大学「情報社会論」での経験からの 14 の教訓　漢字文献情報処理研究 **11**, 176-181.

川瀬基寛（2010）．ソーシャルメディアによる情報共有とネットリテラシー教育―ブログと Twitter を利用した授業デザイン　甲南女子大学研究紀要 文学・文化編 **47**, 45-51.

林　隆二・伊藤琴音・南太貴・乙倉孝臣・山内尚子（2013）．マイケル・サンデル型授業で学生・教員・職員はどう変わるか―燦結成 1 周年記念イベント「京都産業大学にとって白熱教室とは？」の取組を通して　高等教育フォーラム **3**, 59-64.

パリサー, E.／井口耕二［訳］（2012）．閉じこもるインターネット―グーグル・パーソナライズ・民主主義　早川書房（Pariser, E.（2011）．*The filter bubble : What the Internet is hiding from you*. New York: Penguin Press）

【授業実施のポイント（要約）】

［授業の形態］
- つぶやき授業は，50 人以上の講義科目に向いている。
- 少人数の授業（ゼミなど）には向いていない。

［教室の設備］
- つぶやきを表示するためのパソコン
- パソコンの画面を投影できるプロジェクター設備
- インターネット接続環境
- 教員がスライドを使って授業をする場合には，独立した 2 系統のプロジェクター設備が必要。

［授　業］
- 初回の授業で，つぶやきに慣れさせるための練習時間を準備する（学生がつぶやきやすい話題）。つぶやきがどのようなものかをわかってもらうために，実際のつぶやきを印刷したものを配布する。
- 毎回の授業で，学生のつぶやきを活性化させるような「ネタ」を用意しておく。
- 学生のつぶやきに適宜コメントを加えながら授業をするのには，ある程度の慣れが必要。
- つぶやきを活性化させたい場合には，積極的につぶやいてくれる学生（前年度の受講生など）を TA などで授業に参加させるとよい。
- 「荒らし」が発生する場合には，つぶやきを選別するための TA などを動員する。

第 2 部

活動編

第4章　企業と協働した企画開発 PBL
企業との協働

● 山中 昌幸・西澤 直美

4-1　プログラムの概要

①全体概要

　2013年度後期，花園大学において企業協働型のプロジェクト型授業（以下，PBL：project based learning）「起業研究」を実施した。この授業では，中小企業が事業運営を通じて挑戦したい課題テーマに対して，学生がチームを組み「商品企画」や「サービス開発」などの企画・提案を行う。テーマに応じて，企業内の担当者や関係部署へのインタビューや市場調査によって得られた仮説検証の結果をもとに企画を立案し，中間発表での企業からのフィードバックを受け，さらに提案内容をブラッシュアップする。最終的には，企業経営者へのプレゼンテーションによって評価が行われる。その後，企業内で協議を行い，企画内容を事業に取り入れるかどうかの可否を決定する。

　学生が企画・提案した内容が事業に活かされる可能性があることから，学生に現実の企業活動で行われている仕事を経験してもらう機会となる点が本プログラムの特長である。また，学生が授業の一環として学ぶために企業に協力してもらい課題テーマを設定するのではなく，実際に企業が抱えている課題や新展開を考えている事業や企画などを題材とすることで，企業側が学生に対して本気で関われる環境を作ることにも重きをおいている。学生にとってはチームで企画に取り組むことにより，「仕事」に必要な役割分担やマネジメントのプロセスを実践を通して体感し，その過程に起こるさまざまな成功体験・失敗体験を通じて自己分析を深め，自身のキャリアについて自己認識を深めることができるというメリットがある。

②授業の目的

　このプログラムでは，「よりリアルな仕事体験」を通じて以下の目標を達成することを目的としている。

> ①企画の開発を通して一連の仕事のプロセスを体験し，新しい価値を創り出す力を身につけること
> ②チームで取り組むことにより，自分の役割を果たすことや主体的に行動する姿勢の重要性を，実践を通して学ぶこと
> ③企業という事業のプロフェッショナルとの仕事を通して，仕事に本気で取り組む大人の姿に触れ，働きがいや厳しさを実感すること

③スケジュールと流れ

　この授業のプログラムの流れは大きく三つに分かれている。前半では学生の活動に対する動

機づけとチームビルディング，企業からのミッション発表，プロジェクト遂行に必要なインプットとしてビジネスやマーケティングの基礎知識などの講義を行う。中盤は中間発表に向けて，学生がグループごとに企画の立案を行う。授業時間の大半はチームごとの自主学習，フィールドワークにあて，時間外の活動も各チームに委ねられる。中間発表で企業からの「本気のフィードバック」を受け，さらに企画内容をブラッシュアップし，そして終盤は最終プレゼンテーションに向けての仕上げを行う。最終プレゼンテーションでは，企業の代表も含めた関係者や大学関係者に向けて発表を行い，最後に事後学習として半年間の学びのふりかえりを行う。授業スケジュールについて，表4-1に掲載する。

表4-1 授業スケジュール（2013年度後期の事例）

	授業テーマ	内 容	企業協力内容
1	オリエンテーション	・PBLの目的 ・授業フローの説明	
2	事前学習	・チーム分け ・チームビルディング ・社会人基礎力自己診断	
3	企業からの課題発表 社長講演	・課題テーマ発表 ・企業紹介	自己・会社・ミッション紹介（学校にて）
4	プロから学ぶ商品企画のコツ	・マーケティング基礎 ・企業内での商品開発プロセスの共有	商品企画担当者からの企画に関するレクチャー
5	商品企画①マーケティング	・チームごとの自主学習 ・フィールドワーク	調査協力
6	商品企画②マーケティング		
7	商品企画③マーケティング		
8	中間発表	・企画内容の中間発表 ・企業からのフィードバック	企画に対するアドバイス
9	商品企画④	・チームごとの自主学習 ・フィールドワーク	調査協力
10	商品企画⑤		
11	プレゼン講座	・プレゼンテーションの基本的なフレームについて	
12	プレゼンリハーサル①		
13	プレゼンリハーサル②		
14	プレゼン本番	・各チームによる企業への発表と評価	審査員として参加
15	事後学習（学びのまとめ）	・振り返りと事後評価	

4-2 特　長

① PBLが必要な理由

ここで，大学においてPBLが必要とされている社会的背景について述べておこう。

インターネットの普及により，個人がアクセスできる情報量及びスピードは格段に増大している。また，成熟社会となった日本においては，新しい価値を創る力，一人ひとりが自分の頭で考え行動していく力が求められている。従来の知識偏重型社会では，どれだけのことを知っているかという，その知識の量や質が問われていたが，今後は企業に入社してから，大学や学校などで学んだことをどう活かすか，知識をいかに活用するかが問われている。

また，情報技術の発達，グローバル化などによって企業活動の変化はますます激しくなっている。そのような状況で発生する問題や課題は，個人の力では解決できないことが多く，さま

ざまな得意分野，専門分野をもった個人がチームになって取り組んでいく必要がある。その一方で，核家族化や少子化，あるいはスマートフォンやタブレットの普及により，子どもたちは一人でゲームをしたりして遊ぶことも多く，他人と協働する機会をあまりもつことのないまま，大学生になってしまっているケースも多い。

加えて，大学と企業の断絶はまだまだ大きい。学生が中小企業などの企業活動に触れる経験は少なく，アルバイトや一部の学生が経験するインターンシップでそれを覗き見るにすぎない。そのような状況の下で学生は就職活動に際し「自分は社会に出て何をしたいのか，何ができるのか」といったことを考える必要があったとしても，それを考えるための材料をもたなかったり，そもそも就職する自信をもつことができず，うまく企業人への移行を果たせない場合も少なくない。

このような背景の中で，PBL を導入することにより，新しい商品やサービスの企画を通して新しい価値を創り出すこと，そういった課題にチームで取り組むことで社会に一歩踏み出す力をつけること，社会で成果を出すことに自信をつけるという効果が期待できる。

筆者は，小学生から大学生までの幅広い年代に向けて PBL を実施してきた経験があり，企業と協働して学生が課題解決に取り組むことの意義，また現実的な課題に挑戦することにより，学生の本気度が増すということを実感してきた。花園大学では 2004 年から PBL の授業を実施しているが，それ以前は学内でも PBL のノウハウがなく，その必要性を認めつつも実施には至らなかった。当時の就職課長が PBL の意義を理解していたため，就職課の協力を得て，筆者がPBL の手法を取り入れた授業を実施することとなった。それ以来，花園大学ではいくつかの企業協働型 PBL を実施してきた。

②過去の実施例

前章で述べたように，花園大学では約 10 年前から企業協働型 PBL を実施してきた。本章では，その取り組みの一部を紹介する。

■若者向けの仏具開発（㈱安田念珠店と協働，2008 年度）

創業約 300 年の歴史をもつ安田念珠店だが，数珠は若者にとって「古くさい」といったイメージが先行しがちで，次第に馴染みのないものになりつつある。そこで，禅を建学の精神とする花園大学との協働が実現し，若い世代にも受け入れられる数珠の開発に取り組むこととなった。学生は「愛着を感じる数珠づくり」をテーマに同世代のニーズに応えるべくアンケート調査を実施，7 チームに分かれて商品の企画に挑戦した。

プレゼンテーションでは安田容造社長らが審査を行い，ブレスレットとして使いながら二つのストラップにも分けられる数珠「五色珠」を提案したグループが 1 位に輝いた。普段，腕にしていた数珠を二つに分けて大切な人にプレゼントできるのが特徴で，ファッションや健康を重視した念珠が多い中，禅の精神である「他者を尊ぶ心」をモチーフにしている点が評価された。その他にもミサンガタイプの念珠，韋駄天からヒントを得て考えた，磁気が出る石を手ではなく足につける運動選手向け念珠など学生ならではのユニークな視点に，安田念珠店のスタッフの方からは「念珠に対する固定概念が良い意味でリフレッシュされた感覚があった」などの感想をいただき，学生の斬新なアイデアが良い刺激になったようだ。安田社長からは「若い人たちの念珠のイメージを聞いて仏教や念珠が生き残っていくにはどうすればよいかヒントを得た。弊社が目指す念珠の本来もつ手のひらから伝わるぬくもりを，若い人にいかに伝えるかを目標にしたい」という感想をいただいた。

現在，1位に選ばれた「五色珠」の他，二重の腕輪，ストラップ，各々を組み合わせて御念珠としても活用できる，3種類の使い方が楽しめる「3WAY」が，安田念珠店の商品として販売されている。

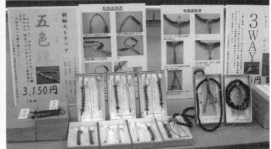

図4-1　若者向けの仏具開発若者向けの仏具開発

■妙心寺派直売店に適するごまを使った商品の企画
（㈱わだまんサイエンスと協働，2011年度）

　2011年度は，仏教と共に伝来されたとされるごまを使った商品の企画を，ごま食品の販売を行うわだまんサイエンスと協働で実施した。学生は8チームに分かれてそれぞれ市場調査やモニター調査を実施，約5か月間に渡って商品コンセプトやプロモーション方法の企画，試作品の製作など試行錯誤を繰り返した。販売先となる売店がある妙心寺の参拝者の年代層を調べて売れそうな商品を考え，ごまを使ったうどんやクッキー，アイスなどさまざまな商品を提案した。プレゼンテーションの審査員には販売先となる妙心寺関係者やわだまんサイエンスの深堀勝謙社長が務め，児童福祉学科女子学生で構成されたチーム「ごまっ娘」が企画した「胡麻かすていら」が優勝した。生地に金ごまを練りこんだものと抹茶風味の生地に黒ごまをふったものを考案，「高級感があり，参拝に来る中高年女性に受け入れられやすい」と評価された。「胡麻かすていら」は2012年6月末より花園会館妙心寺派直売店で販売されている。深堀社長からは「学生は授業以外の時間を使い，聞き込み調査などでデータを取り，商品開発に活かした。積極的な姿勢からは起業に対する熱意が伝わる」という感想をいただいた。

図 4-2　妙心寺派直売店に適するごまを使った商品の企画

③ PBL 実施のポイント

　PBL という教育手法が日本の大学教育に導入されるようになって久しい。しかし，より現実的な企業活動への挑戦を授業として行うことは決して容易なことではない。学生に投げかける課題のテーマに，授業の目的を達成するために疑似的なものを設定するか，企業にとって本当に価値のあるものを設定するかによって，学生の「本気度」と「主体性」も大きく変わってくる。それは，どんなテーマを設定するかによって，関わる企業側の「本気度」が変わってくるためである。

　それを実現するためには企業側の協力は欠かせない。しかし，企業側も通常の企業活動がある中で，このプロジェクトに相当数の時間を割いてもらう必要がある。このことは企業側の大きな負担となり，授業の運営側としても大きなネックとなる。そこで大切なのはこのプロジェクトに「企業が関わる意義や意味はどういうものか」ということを前もって適切に設計できるか，ということである。これが，企業と連携してのプロジェクト型学習の「肝」となる。

④企業が関わる意義

　企業側がプロジェクトに参画する意義は大きく二つある。

　一つは自社の抱える課題テーマへの挑戦である。どんな企業でもそれぞれに課題があるものだが，通常の業務もある中でなかなかその課題の解決に割く人員や時間を調整することが難しい。また，企業がもつ独自の価値観やその歴史の中で培われた知識やノウハウが，逆に新しいことに挑戦する時の障害となることもある。そういった固定観念をもたない学生が課題に挑戦することで，社員が思いつかなかったアイデアや発想が飛び出すことが期待できる。

　もう一つは，学生とのプロジェクト運営を通じた次世代人材の育成である。学生が企画への挑戦を通して成長の機会となるのはもちろん，PBL の場が，企業にとっても若手社員を育成する場にもなる。課題に挑戦する学生は，その企業のことや業界のことは何も知らない状態からスタートすることになる。わからないことは社員に聞くしかないのだが，その窓口として若手

社員に学生とのやり取りを担当させる。社員は自分が普段の業務で担当している範囲のことであれば理解しているが，それ以外のことは知らない場合も多い。そういったことも学生は社員に質問してくるため，知らないことは他の社員あるいは社長に確認しなければならない。そのプロセスを通して社員は自社の歴史や商品やその開発プロセスについて理解を深めることとなり，またこれまであまり関係をもつことのなかった他部署の社員，あるいは社長との関係を作れるようになることが期待できる。

今回，この授業にご協力をいただいたのは，滋賀を中心に「袱紗（ふくさ）」を製造販売するメーカー，株式会社清原である。国内ではトップシェアを誇っている企業だが，「袱紗」というマーケットそのものは縮小傾向にある。そんな商材の未来について，「伝統的なマーケットのみに固執していては，未来はない。新しい発想，新しい人材で会社と伝統文化の未来を」と考えていたのが，清原社長だった。「伝統の革新」と「次世代育成」が大きなテーマだった清原社長にとって，大学とコラボした商品企画のプロジェクトは魅力的だった。学生とのコラボは「自社商品に新しい価値を」という，「伝統の革新」への挑戦になった。また，清原社長はこのプロジェクトの担当者としてデザイナーの若手社員を投入した。

「デザイナーとしての仕事はしっかりやってくれている。しかし，次世代を担う人材として，もっと経験を積んで欲しいと思っていた。商品を一から作るというマネジメントの経験を積んでもらう機会が欲しかった」と，人材育成の場として，このプロジェクトへの参画に大きな価値を感じていた。

図 4-3　株式会社清原と袱紗

4-3　プロジェクトの設計とそのポイント

①事前の設計：【設計段階】授業開始 3 か月前まで

授業の組み立てとして，企業と連携する際に授業以前に考えるべきステップは以下のようになる。

> ❶授業としての目的（ねらい）を明確化させる
> ❷そして，そこに必要なリソース（資源）の見当を立てる
> ❸授業の時数や学生の状況など諸条件を整理し，ゴールとプロセスの仮説を立てる
> ❹それらの条件を整理し，見当をつけた資源（ここでは企業）に打診する
> ❺企業に授業で取り組みたいことを伝え，それが企業側の価値にできるかどうか詳細にインタビューする
> ❻企業側の事業ニーズや事業課題を授業テーマに設定できるようであれば，授業の条件に応じた目標範囲（ゴール）を決める
> ❼そのゴールの実現に必要なプロセスを明らかにし，授業のプロセスと役割分担を組み立てる

②事前準備としての企業研修：【準備段階】授業開始1ヶ月前まで

このような企業との事前のゴール設定とプロセスのすり合わせ、役割分担を行い、授業スケジュールを固める。

その後、授業のスタートに当たって、事前に企業向けに「大学での授業に参画するにあたって必要な考え方」を伝えることと担当する社員向けに「動機づけ」を行うための研修を実施する。この研修に関しては、コーディネート団体にお願いした。

> ❽事前の企業内研修では、学生への動機づけと同じように、担当社員へも「なぜ、今回このプロジェクトに関わるのか、そして何を目指すのか」という企業としての意義・意味を経営者からのミッションとして与え、個人としてのゴール設定とプロジェクトとしてのゴール設定を行う
> 　このプロジェクトとしてのゴール設定は後に担当社員が学生へ「企業から学生へ与えるミッション」として紹介するという仕立てにしているため、担当社員も経営者の目的をしっかりと理解していないといけない
> ❾その後、授業に向け担当の社員が授業の準備に当たる
> 具体的には（1）企業紹介　（2）自己紹介　（3）ミッション発表の3点を授業までに準備することになる

③企業と関わるポイント

このようなプロセスを経て、授業をスタートさせる。

これらのプロセスの中で、❹❺❻の設計段階のプロセス、準備段階の❽❾の企業内研修をコーディネーターにお願いした。❹❺❻のプロセスはいわゆる企業開拓とニーズ把握、そして交渉や提案が必要となる。専門人材であるコーディネーターの協力を得た方が「客観的な第3者の存在という観点」から無難ではあるが、決して特別に難しいということではない。授業の目的とねらいを明確に企業側に伝え、授業での学生の挑戦や研究機関としての理論蓄積が企業の事業運営に最大に活きる場面を両者で探りながら、落とし所を模索するという作業をコミュニケーションを図りながら丁寧にしていくことがポイントとなるからである。

❽❾準備段階の企業内研修も同様に、授業の準備として企業側の担当者に授業で伝えてもらうべき情報を整理してもらうという研修になるので、取り立てて難しいことではない。具体的には授業の2か月前に3時間ほどの事前研修を行い、そこで経営者から担当社員に向けての「ミッション紹介」と「個人としての動機づけ」を行い、そして、その後宿題として、授業までに「企業紹介」「自己紹介」「ミッション紹介」の3点の発表内容の作成をお願いした。半年後の授業終了後に振り返りとして90分ほどの事後研修を行った。実際には、授業開始までの準備段階で相当数の時間の捻出が必要とされる。

④職員との連携

「起業研究」のように、企業協働型PBLなど講義のみでは授業が完結しないアクティブラーニング型の授業において、職員との連携は欠かせない。企業などの協働先を探すところから始まり、関係の構築とその持続など、教員だけでは手が回らないところについて、職員のサポートが重要な役割を果たすのである。

授業が始まってからは、リサーチや企画づくりなど学外での活動も多くなる中で、学生が壁

にぶつかることも多い。教員は他の授業も受け持っており，筆者のように非常勤講師の場合は学内にいないこともあるので，常に学生の近くにいて対応が可能な職員の存在が，学生にとって非常に心強い味方となる。また時に職員は，教員よりも学生のことをよく知っている。職員は，教員が教室の中で見る顔以外に，普段の「素」の表情をみていることがある。職員と連携することで，教室の外における，より「素」に近い学生の性格や特徴を知ることができ，教員は学生とより深く関わることができ，学生が自身の特徴を生かした役割を発揮できる環境を整えることができるようになる。

　また，アクティブラーニングの授業では，事務的な役割として求められるものも多い。従来型の講義形式の授業とは異なり，グループワークやプレゼンを実施するためのワークスペースや備品の準備が必要になる。例えば，学生が考えた企画をプレゼンテーションする場合，より学生のモチベーションを高めるために普段とは異なる環境を作ることが望ましいが，それにはプレゼンテーションを行うのに適した教室や必要となる備品の準備，外部からゲストを招くための学外への広報など，職員が期待される役割は多岐に渡る。

　学生との関わり方という点で職員に期待するのは，「ナナメの関係」である。PBLでは教員が直接指導する場面は講義型授業に比べると少ないが，それでも教員は学生に単位を認定する立場になるので，どうしても「タテの関係」になりがちである。そこで職員には，教員と学生の間に入り，時には学生を暖かく見守り，支え，時には厳しく叱咤激励するような役割として，学生との関わりを期待したい。

　教員に対しても，職員は単なるお手伝いとしてではなく，パートナーとしての役割を期待したい。特にベテランの職員であれば，これまでに培った経験や知見の活用，学内の関係部署間での調整など，職員だからこそ担える役割は多い。企業などの外部機関だけでなく，大学内部においても教員と職員との「協働」の姿勢が重要である。学生の成長を第一の目的とした場合，今後，教員と職員とのパートナーシップを育むことの重要性は更に増すであろう。

⑤外部コーディネーターの活用

　企業側の価値を授業としてのプロジェクトで設計するためには，事前の企業との念入りな情報共有とゴールのすり合わせ，そして，それを実現させるためのプロセスの組み立てが必要となる。筆者は長年，キャリア教育やインターンシップ・プログラムのコーディネートを専門とする教育NPOを運営する事業を行っている。その役割は教育活動（学校）と実社会（企業）を教育プログラムでつなぐコーディネートにある。それは，理論の裏付けとなる実践を企業の協力を得て，教育プログラムに落とし込み，その企業の教育活動への貢献を単なる社会貢献ということに留めず，企業にとって価値あるものに整理し，設計するという作業になる。

　普段はコーディネーターとして，教育活動と企業活動をつなぐ役割を果たすが，今回は授業運営者としての当事者としての立ち位置であったため，企業との間には，専門人材の協力を得た。

　その大きな理由は，教育活動の目的（教員側のニーズ）と企業の参画目的（企業側のニーズ）を最大化させることにあった。「当事者では伝えにくいこと」や「どう伝えていいかわからないこと」も，間に立って両者の立ち位置を把握し，客観的に物事を判断するコーディネーターは，教育活動と企業活動という違う世界のものをつなぐ通訳としての存在として重要だといえる。

【コーディネーターからのコメント】

　プログラム設計において意識したのは、学生も、学生に関わる大人（企業）も「本気」になれるテーマを設定することでした。そのためには、教員のねらいや企業がこの授業で出したい成果を明確にすることが重要です。"準備10割"と言ってもいいくらい、準備がすべてだと思います。また、この授業に関わる教員や企業の社長、社員との間で情報共有をしっかりすることも大切ですね。コーディネーターは直接授業に関わるというよりは第三者として全体を俯瞰する立場なので、誰が何を思っていて何をしようとしているのか、全体を見てそれぞれの橋渡しをする役目になります。大学側は教育効果を出すこと、企業側は成果を出すこと、社員が学生に関わることで自社を活性化させることを目的としており、異なる目的をもつ両者が直接やり取りをすると、どうしても妥協点をみつけようとしてしまいがちです。その間に入ることにより、それぞれの目的を最大化するということが、私たちコーディネーターの役割だと考えています。

　これからPBLを進めようとお考えの教員の皆さまには、学生に教える「ティーチャー」（教える人）ではなく、主体性を引き出し、気づきを促す「コーチ」（引き出す人）の役割を担っていただきたいと思います。また企業とは「パートナー関係」を築いてほしいと思います。大学は企業に対して「協力してください」という「お願いする側」になりがちですが、お互いが目指す成果に向かって共に取り組む「協働」関係を目指すことで、お互いのもつ強みを活かすことができるのではないかと考えられるからです。

（NPO法人JAE　山本幸一）

4-4　実際の授業と授業のポイント

①学生への動機づけ：2013年9月26日，「起業研究」第一回目の授業

　この日はオリエンテーションを実施したが、授業の初めに「やる気がなかったら次の授業からは来なくて構いません」「必修科目ではないので、必ず受ける必要はありません。やるかやらないかは自分で決めてください」と学生に伝えた。これは、学生が自らの意思で受講することを選択させ、本授業への参加の動機づけをさせるためだった。ただ大学から与えられた授業に受動的に参加するのではなく、自ら主体性をもって取り組ませること、自分で「挑戦する」と決めるということが、学生の取り組む姿勢や成果に影響を与える重要なポイントとなるのである。

図4-5　授業風景

初回の授業では講義内容に関する説明の他，ブレインストーミングやグループディスカッションのやり方を体験しながら学ぶ。この後，半年間，チームで課題に取り組んでいくうえで，ブレインストーミングによってアイデア出しをしたり，ディスカッションをしてチームの意見をまとめたりするスキルは必要不可欠である。講義型の授業とは異なり，ただ椅子に座って講義を聞いているだけでは何も得られない。自ら考え，発言することが常に求められる。初回の授業での体験を通して，この授業のたいへんさ，あるいはおもしろさを感じてもらい，参加したいと思った学生だけ，次回からの授業に出席するよう伝えた。

　この授業は全学年の学生を対象とする全学共通科目として開講していた。共通科目とすることで，全学部・全学年が受講可能となる。異なる学部・学年の学生同士がチームになり，共通の目的に向かってプロジェクトに取り組むことで，互いにとって刺激のある場が生まれやすくなるという点も，学生の能動性・主体性を引き出すうえで大きなポイントとなっている。

　2回目の授業には，自ら参加することを選択した，文学部と社会学部の1回生から4回生まで計37名が出席した。「来ても来なくても，どっちでもいいよ」と言われても参加することを決めた，意欲の高い学生たちである。中には履修登録をせずに参加する学生，つまり単位認定を必要としない学生も8名受講していた。

　授業の目的の一つは，企業の課題に挑戦する経験を通して「社会人基礎力」を養うことにある。社会人基礎力とは，経済産業省が「職場や地域社会で多様な人々と仕事をしていくために必要な基礎的な力」として2006年から提唱しているもので「前に踏み出す力」，「考え抜く力」，「チームで働く力」の3つの能力（12の能力要素）から構成されている。2回目の授業では事前学習として，今の自分の力を認識させ，「これから伸ばしていきたい力」あるいは「今の自分に足りていない力」を意識させることを目的に，社会人基礎力自己診断テストを行った。

　企業が学生に求める資質としては多々あるが，その中でも共通していえるのは「自分で考えて行動できる人」である。今回のプロジェクト型学習では，そのプロセスの中で「待っていても誰も何も与えてくれない」「自分たちで考えて行動しなければ何も進まない」という主体的に動かざるを得ない環境を作る。それをわざわざ学生に伝え意識させ，「自分で選択した動機」をもたせ，「何のために挑戦するのか」を自己認識させることが大きなポイントとなる。

図4-5　社会人基礎力（出典：経済産業省HP）
〈URL=http://www.meti.go.jp/policy/kisoryoku/kisoryoku_image.pdf（2014年12月18日最終確認）〉

②チーム分けと役割分担

　起業研究の授業では，学生たちが5人程度のチームに分かれて企業の課題に取り組む。2回目の授業では，これから半年間に渡って共に課題に取り組んでいくチームを決定した。

　その，チーム分けの方法にも学生の主体性や責任感を引き出すための工夫がある。それは，まず受講生の中からリーダーになりたい学生を募り，リーダーになった学生がそれぞれ自分のチームのメンバーを選ぶ，というものだった。このような方法をとることで，リーダーたちには「チームのメンバーは，自分が選んだ人たちである」というリーダーとしての自覚，責任感をもたせることができる。また，メンバーは「この人（リーダー）は自分を選んでくれた人だ」と，チームへの帰属意識を感じることができるようになる。

　五十音順やくじ引きなどの無作為な方法でチーム分けをすると，企画が進まない時やチームワークが機能しなくなった時など，取り組みがうまくいかなくなった時に安易に他のメンバーのせいにしてしまったり，勝手に決められたチームだからうまくいかなくても仕方ない，とモチベーションを見失ったりしがちである。そういったことを防ぐために，少し時間をかけてでも，上記のようにチーム分けの方法もひと工夫して，そのチームがチームであることの理由を作った。そうすることで，チームワークが機能しやすくなるという効果が期待できるのである。

③必要なインプット

　3回目の授業で，いよいよ企業からの課題が発表された。

　今回学生が取り組むことになったのは，滋賀県に本社を置く和雑貨製品の企画・製造・販売を行う企業の新商品開発プロジェクトである。学生に出されたミッションは『お寺の売店で販売できる袱紗を使った商品を企画せよ～思いやりを「ふくさめる」～』というものである。この企業は袱紗市場において大きなシェアを誇っているが，近年，袱紗を使う文化そのものが希薄化し，袱紗を使う人は若者を中心に減少しつつある。そこで，企業がもつ，袱紗の生地の加工技術を袱紗以外の製品に活かす道を切り開いてほしい，というミッションが出された。日本の伝統文化を守りつつ，イノベーションに挑戦する老舗袱紗メーカーが抱える現実の課題に，学生が取り組む貴重な機会だといえる。

　企業からのミッション紹介に加えて，会社の沿革や経営理念など会社の紹介，袱紗に関する基礎知識や商品の紹介なども行われた。袱紗の語源である「ふくさめる」とは，ふんわりとやわらかく包むということ。金品をそのまま届けるのではなく，包むと共に贈る相手への想いも一緒に包むという，日本人の思いやりの心を表している。ミッションの副題として「思いやりをふくさめる」とあるように，「包む」という機能が含まれていることが提案の条件として学生に伝えられた。

図 4-6　ミッション発表の様子

④フィールドワーク

　企業からの課題発表があった次の週の授業では，企画を考えるために最低限必要となる知識としてマーケティングの基礎，企業内での商品開発プロセスに関するレクチャーを行った。

　これから約1ヶ月後の中間発表に向けて，いよいよ企画への取り組みが始まる。「中間」とはいうものの途中経過の発表ではなく，完成された企画内容を発表しなければならない。1ヶ月という短い期間の中で，学生たちは企画を完成させなければならないのだ。

　これ以降，中間発表までの3回の講義はすべて自主活動とし，各チームで企画を立案する作業にあてられた。設定した仮説にもとづいてアンケートを作成し，街へ出ていってニーズの調査を行う。学生たちは，授業時間だけでなく放課後や週末を利用してチームで集まり，作業を進めていった。

　袱紗を使った商品を企画せよ，というミッションが出されたものの，学生にとっては，わからないことばかりである。「そもそも袱紗の生地とはどういうものか？」「こういうものは作れるか？」など，学生から社員へさまざまな質問が飛ぶ。学生と社員とのやり取りにはコーディネーターは介入せず，各チームに担当を一人決め，チームを代表して社員への質問などを行った。ただし，同じような質問が社員に繰り返し行われるような事態を避けるため，質問とその回答内容をチーム間で共有するようにした。

　この期間の企画の進め方は学生たちの自主性に委ねられた。すると，リーダーが一人で頑張っていたり，なかなか連絡が取れないメンバーがいたり，担当の作業をやらないメンバーがいたりと，チームによって活動状況に差がみられた。中にはリーダーシップを取れるメンバーがおらず企画がまとまらない・進まないなどプロジェクトの進捗が困難になるチームもあったが，そういった状況が発生することは初めから想定されていたので，この時点では，あえて大人が介入するようなことはなかった。

⑤中間発表での企業からのフィードバック

　そして迎えた中間発表である。

　既に試作品を準備しているチームもあれば，何も作っていないチームもあり，状況はまちまちであった。チームはそれぞれ自分たちが作った企画についてプレゼンを行う。企業経営者は，学生としてではなく，商品開発担当者として，一人の企業人として学生たちにフィードバックを行った。企画に対しては「いいものはいい，悪いものは悪い」というスタンスで評価が行われたため，評価された企画もあれば，そうでない企画もあったし，厳しい言葉もやりとりされた。

　「これでは使えない」「その程度の根拠では弱すぎる」「本気で取り組んでほしい」……学生の企画に対して大人たちの容赦ないコメントが飛び交った。これは，あらかじめ大人たちの間では計画されていたことで，あえて厳しいダメ出しをしてもらえるようにコーディネーターから企業に依頼している。

　通例，学生は，自分たちの企画がいいのかどうか，判断する基準をもっていない場合が多い。またおもしろいアイデアばかりに固執し，そこには「売りものになるか？」という視点が足りていない場合も見受けられる。そこで，企業からのフィードバックを受けてはじめて，自分たちの立ち位置や足りないものを知ることができるのである。

図4-7　中間発表の様子

⑥中間発表後の振り返りと企画のブラッシュアップ

　中間プレゼン後，学生たちはこれまでの活動について振り返りを行い，自分たちに何が足りなかったのかを洗い出した。報告・連絡・相談のいわゆる「報連相」をきちんとすること，遠慮せずに自分の意見を言うこと，それぞれが自分の役割を果たすこと，いつまでに何をどうするのか，しっかり計画を立てること……。そういった課題が洗い出され明確になったことで，最終プレゼンに向け，新たなスタートを切ることができた。

　ここからが，学生の本気度が試される期間である。

　中間発表での企業からの厳しいフィードバックとその後の振り返りで，一通り，チームとして行っていた企画づくりの「何が」「どう」だめだったのか……コミュニケーションの取り方なのか，情報共有なのか，役割分担なのか，報連相なのか。自分たちが漠然と「課題かな……」と感じていたことを，改善していく必要性を思い知ったということになる。正直なところ，学生は中間発表までは「授業の一環だから」とマイペースに事を進め，さほど期待するようなアウトプットは出してこない。それを想定し，この中間発表を皮切りに本気になってもらうというのがねらいである。

　ここからそれぞれのチームの個性を発揮し，本格稼働となることを期待し，またチームごとの活動に移る。

　本発表の2時限前にプレゼン講座，1時限前に発表のリハーサルを行う。

⑦本発表と評価

　そうして，いよいよ最終プレゼンテーションの日を迎えた。

　プレゼン会場には，大学の経営陣や企業経営者，教員，学生に加えてメディアも取材に訪れた。彼らを前に，学生たちは，スーツ姿で発表をする。企業経営者と担当社員が評価を行い，最優秀賞と優秀賞を決める他，参加者全員で投票を行って決める会場賞も設けた。

　審査の基準は，情報収集力（情報の的確性・信憑性・アンケート収集などに労力をかけているか），論理性（一貫性，論理的矛盾の有無，過程における目標設定など），着眼点（独自性，斬新性，既存のものとの差別化など），実現可能性（協働企業の強みや資源を活用しアイデアが実現可能であるなど），質問対応力（質疑応答にて，適切な対応ができているか）の5項目である。これらの項目は，実際の商品開発における評価基準とは一致しない。それは，学生たちにもあらかじめ伝えていた。

　各チームの発表に対して，各審査委員が上記の評価項目ごとに7点満点で採点し，その合計点で総合評価を行った。

図4-8 本発表の様子（左）と滋賀県の素材である「高島帆布」を用いた「クラッチバック」の試作品（右）

　学生からの提案内容は「潤いを包むペットボトルホルダー」「お土産をラッピングできるトートバック」「折り畳み座布団」「思い出の写真やはがきを包む壁掛けケース」「女性のお買い物に最適バックインバック」「和とモダンの融合クラッチバック」といったものである。それぞれ自作の試作品を用いて企画の発表を行った。審査員による総合評価の結果，「和とモダンの融合クラッチバック」が最優秀賞に選ばれた。

　その後，企業内で企画内容について協議した結果，「折り畳み座布団」と「クラッチバッグ」が開発対象となり，試作品の作成が行われているという（2014年4月現在）。

⑧振り返り

　最終プレゼンから一週間後，最後の授業ではこれまでの取り組みについて振り返りを行った。個人としての活動，チームとしての活動に対してそれぞれ振り返りを行い，この授業を通して学んだことや気付きを今後の学生生活にどう活かすかについて話し合い，共有した。役割分担ができていなかった，コミュニケーション不足，期限が守れなかった，などさまざまな課題が挙がった。仮説を立ててそれを検証し，チームで一つの企画を作り上げる一連のプロセスを通じてチームで取り組むこと，働くことのたいへんさを痛感した一方で，自ら主体的に動くことの大切さ，コミュニケーションの重要性など，学んだことも多かった。

⑨レポート課題

　これで全15回の授業は終了となる。最後に学生に対してレポートを課題として与えた。その内容は「本講義を通しての学び・気付き，それをどう活かすか～特に社会人基礎力の観点から～」というものである。本講義で取り組んだことをただの体験に終わらせず，自分の将来像をより明確に描き，これからやっていくべきことを明確にするため，本講義が終わっても，常に自らがいかに企業で活躍していけるかを考え続ける習慣を身につけるためである。レポートには，講義で学んだこと，チームで取材やプレゼン等に取り組む中で気付いたことなど講義内容に関する振り返りと，そこから得られた経験をもとに今後の目標と具体的に取り組むことについて，特に「社会人基礎力」の観点から，「社会で必要とされる力」「自分自身の強み・弱み」などについての気づきを記入するよう指示した。

4-5 プロジェクト評価

①学生の声

「起業研究」を受講した学生たちも，それぞれ何かをつかみ取ったようだった。決まった正解があるわけではなく，自ら考え，自ら動くことが要求されるこの授業では，学生たちはさまざまな壁にぶつかる。

新しいアイデアを生み出すにはどうすればいいのか，考え方が異なるメンバーの意見をどうやってまとめていけばいいのか，企画した商品の魅力をいかに伝えるか……悩みながらも学生たちは，何とか前に進もうとする。その中で得た学びや気づきは，講義を聞いてただ知っている状態とは異なり，自らが体験して得たものである。毎回の講義後に提出させていたコミュニケーションカードから，学生の声を一部紹介する。

- 一人ではわからないことでもグループで考えると発想力が広がったので，グループで考えることは重要だと考える。
- この商品を出したいとか，これがすごいと思いついても，将来性や実現性がなかったらいくらすごくてもダメなんだと感じることができた。
- 最後まで他の商品との差別化に悩み，苦労しました。
- 自分の意見を人に伝えるための方法を考えることが大変でした。
- 商品の企画を作成していく段階で，清原さんのことを考えたり，消費者の気持ちを考えたりして作っていけた。

最後の授業では，「この授業を人（友人や後輩など）にすすめるか？　その理由は？」という問いが学生に投げかけられた。「すすめる」と答えた学生も「すすめない」と答えた学生もいたが，それぞれの意見を一部紹介する。

【すすめる，一部すすめる】
- この授業は，自分でも考えて，他の意見も聞いて，考えさせられるものです。これから社会に出て必要な力に気付き，その力をつけるために行動することができました。他人を巻き込んで，ひとつの課題に取り組むことは難しかったですが，楽しい面や達成感も大きかったので，これからもチームで何かしていきたいと思います。
- 軽い気持ちではオススメできません。かなりの時間を使います。家に帰っても，お正月も，授業のことを考えてチームのことを考えました。自分自身が嫌になって，何度も辞めそうになりました。でも，最後は絶対成長できていて「やってよかったな」と思います。今の自分を変えたいとか，真剣に何かやってみたいとか，目的，目標を持って授業に参加できる方のみ，この授業をおすすめします。

【すすめない】
- 自分の強い意志がないと続けられない。こういう授業があることを知っては欲しいが，続ける理由が「すすめられたから」ではメンバーとしては不安になる。

②企業の声

　前述の通り，このプログラムは，企業の社員研修も兼ねていた。若手の社員に学生の窓口を担当させることにより，自社の歴史や理念についての理解を深め，また学生とのやり取りを通してもっと人前に出ていけるような人間に育ってほしいという社長の思いが込められたプログラムだった。窓口を任された社員は，普段はデザイナー業務を担当しており，人前に出るような機会をもつことはあまりなかった。今回のプログラムでは学生に向けて会社紹介・ミッションの発表をしたり，学生のプレゼンに対してフィードバックをしたりと，人前に出たり，自ら学生に対してコミュニケーションを取っていく機会が多くあった。最初の学生に向けたプレゼンでは少し頼りない印象を感じられた社員であったが，学生とのやり取りを最後までやりきり，最終プレゼン時は自ら学生へのフィードバックを率先して行うなど，頼もしい存在へと成長したようだった。

　プログラム終了後，企業の社長からは，次のようなメッセージが寄せられた。

> 　各グループのプレゼンは素晴らしいものでした。僅差ではありましたが，最終的には「既存の商品に新たな価値を付加し，新市場に挑戦できる可能性のある商品展開」を提案されたグループが上位に来られたのかな，という印象です。

担当した社員に対しても次のようなメッセージが寄せられた。

> 　話すことが苦手なぶん，しっかりとプレゼン資料を充実させ，受け手が見ればわかる状態に仕上げて，後は説明するだけにまでしていたところは関心しました。そんな彼女の一面を見れたことはたいへんうれしく思っていて，経営者として従業員の可能性をもっと信じていかなくてはと考えさせられました。
> 　学生とのやり取りもすべて彼女に任せたので苦労したと思いますが，最後までやりきってくれて嬉しく思いますし，たくましく成長したと感じています。

社員の成長を実感していただけたようだ。

4-6 参考資料

授業内で使用したワークシートの一部を紹介する。今後，アクティブラーニングの授業を実施する場合の参考になれば幸いである。

① KPT シート

中間研修などでの振り返りに使用。チームワークや自身の授業への参加の姿勢などについて振り返りを行い，「KEEP（良かった点）」「PROBLEM（課題）」「TRY（今後いかすこと）」をリストアップし，今後の取り組みに活かすためのシート。

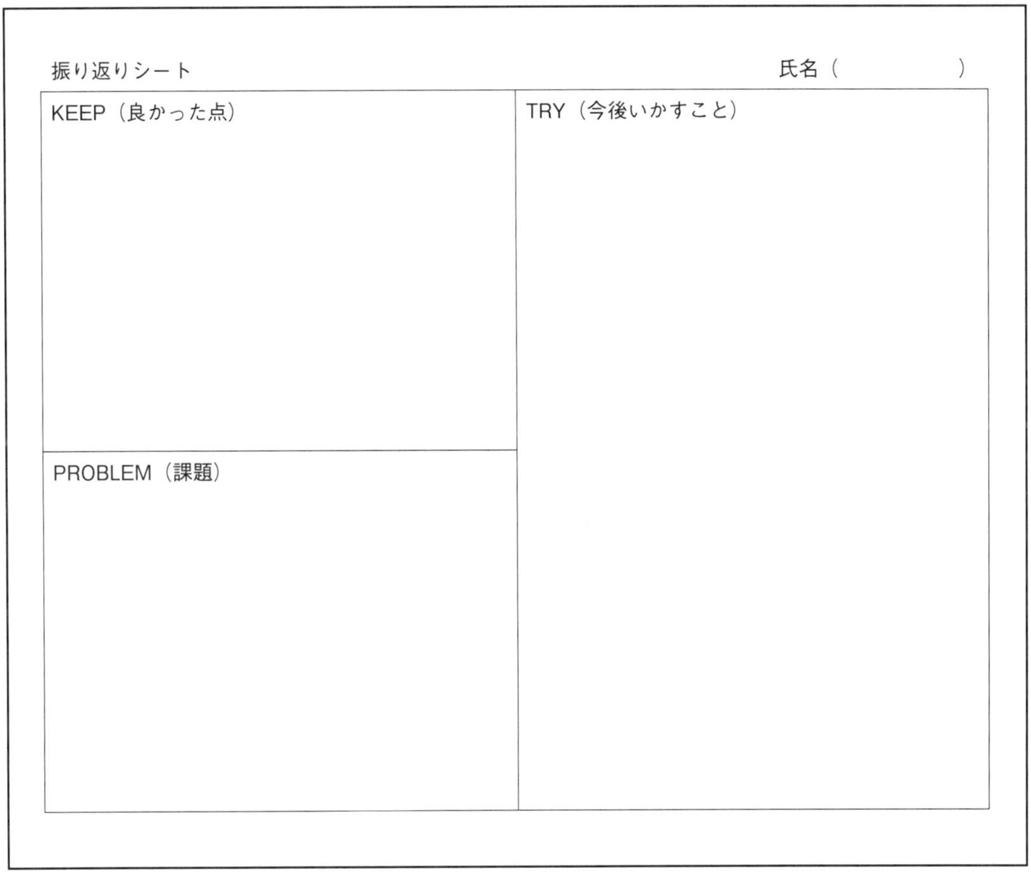
振り返りシート　　　　氏名（　　　　）

KEEP（良かった点）

PROBLEM（課題）

TRY（今後いかすこと）

図 4-9　KPT シート

②ニーズ調査シート

　フィールドワーク実施前に使用。ニーズの調査を行い，設定した仮説の検証のため，誰に，どんなことをインタビューするのか，インタビュー対象者や内容について整理を行うためのシート。

ニーズ調査シート

氏名		チーム名	

●チームでインタビューをする人を検討し，ニーズを把握しよう！

	インタビュー対象者 名前（属性）	インタビュー内容	担当	いつ？
例	長谷川○○（自分の叔母）→お寺好き	・お寺で買いたいものは？ ・いつも買うお土産は？ ・あったらいいなと思うお土産は？ 　⇒その理由は？	鈴木	
例	花園会館直営店の店長（販売店）	・どんなお客さんが買いに来るか？ ・どんな商品が売れるか？ ・もっと増やしたい商品分野は？	田中	
1				
2				
3				
4				

図 4-10　ニーズ調査シート

③活動報告書

チームでの企画づくりの期間に使用。フィールドワークなど学外での活動が多くなるので，活動報告書にチームごとの活動内容を記載し，進捗状況の確認を行うためのシート。

2013年度起業研究　フィールドワーク活動報告書

班名（　　）リーダー（　　　　　）記入者（　　　　　　）

10月24日（木）

実施したこと	

10月31日（木）

実施したこと	

11月7日（木）

実施したこと	

11月28日（木）

実施したこと	

12月5日（木）

実施したこと	

12月12日（木）

実施したこと	

出欠について　〇活動した　×活動しなかった

	学生番号	氏名	10/24	10/31	11/7	11/28	12/5	12/12
1								
2								
3								
4								
5								
6								
7								

図4-11　活動報告書

【プロジェクト学習実施のポイント（要約）】

ここでは，2013年後期の事例をもとに，企業協働型プロジェクト学習の授業を進めるにあたってのポイントをまとめる。

段階	概要	Point
準備	●企業探し ●プロジェクト設計 ●授業スケジュールの組み立て	●若者への機会提供に意欲的な企業を選ぶこと ●授業のねらいと企業の目的を最大化させるテーマ設定と授業計画
授業【前半】	●オリエンテーション ●チームビルディング ●企業からの課題発表 ●社長講演 ●ビジネス基礎 ●マーケティング基礎	●学生の主体性を引き出し，目的意識を明確にするための動機付け ●企画への取り組み体制を整えるためのチームビルディング
授業【中盤】	●チーム毎の自主学習 ●フィールドワーク ●企画内容の中間発表 ●企業からのフィードバック	●企画に対して，学生に主体的に取り組ませること（必要以上に関わり過ぎないこと） ●企画内容だけでなく，取り組み方について振り返りを行うこと
授業【後半】	●チーム毎の自主学習 ●フィールドワーク ●プレゼン講座 ●プレゼンリハーサル ●プレゼン本番 ●事後学習（学びのまとめ）	●プレゼン本番の環境づくり（普段とは違う会場・雰囲気） ●授業で学んだことを今後にどう活かすか，という視点で振り返りを行うこと

[スケジュール（2013年度後期の事例）]

■準備段階

●企業探し　　まず，企業と協働したプロジェクト学習を設計するにあたり，最初のポイントとなるのが協働先となる企業探しである。
●企業選びの基準
　・若者に挑戦の機会を提供したい，あるいは若者の成長を支援したいと考えていること
　・人材育成に力を入れていること
　・売上のみを追求するのではなく，社会的理念を持ち事業に取り組んでいること
　・新しいことにチャレンジしようとしていること
●企業を探す方法
　・キャリアセンターや就職課で，インターンシップ受入企業や，卒業生の就職先から探す
　・地域の経営者協会（商工会議所）など，大学周辺の地域にある経営者や企業団体の所属企業から探す

■前半(第1回~4回):チームビルディング,企業からのミッション発表

◉学生のチームビルディング
● 1チームの人数は最低3名は必要。5~6名が理想である。少なすぎるとアイデアが出にくくなり,多すぎると当事者意識が薄くなるため。
● また,学生の場合,どうしても人間関係の質が成果を左右してしまいがちなので,チーム分けを行った後,チームビルディングをしっかり行うことが重要になる。
● その一方で,仕事では人の相性や好き嫌いで成果が左右されることは許されない。学生にもメンバーとの関係性をよくするような働きかけを行う必要性,多様性を受容することの大切さを学ばせる機会をつくることが必要である。
● チームビルディングのゲームなどを行った上でリーダー等の役割分担を決めた方がいい。最初に決めると単に目立ちたい人がリーダーに立候補したりする可能性があるので,プログラムのミニ体験などを行い,ある程度それぞれの特性を把握した上で,役割を決めた方がうまくいくことが多い。

◉学生の動機付けについて　意欲の高い学生を集めること,あるいは学生の意欲を高めることが重要となる。
● 選択科目である場合は,今回の事例のように「受講してもしなくても,どちらでも良い」等と伝えることにより,自ら授業に参加することを選択させるよう仕向ける方が良い。
● 必修科目の場合も,何らかの自発的に参加しているという意識を持たせる仕掛けが必要となる。

■中盤(第5回~8回):企画立案,中間発表

◉中間プレゼン
● 企業の社員からのフィードバックは,いち社会人として,「本気」で行ってもらうこと。
● 企画に対する振り返りとともに,チームとして,あるいは個人としての企画への取り組みはどうだったか,振り返り行うことが重要である。

■後半(第9回~15回):企画のブラッシュアップ,最終プレゼン,振り返り

◉最終プレゼン
● 普段の授業とは違う会場で行う,企業や大学の関係者,マスコミなどを招待して公開式で行う,などの工夫を行うことで,学生がより「本気」になる環境をつくり,動機付けを行う。
● プレゼンを行って終わり,ではなく,振り返りを行い,授業での学びを今後の活動に活かしていくことが重要。
※KPTシート(例)

■教員の関わり方について

◉教員の役割はファシリテーション　　この授業のねらいは，学生が自ら考え，自ら行動する姿勢を育てることにある。座学型，講義型の授業では，教員が学生に向けて教えることが中心となるが，プロジェクト学習では，教員から学生に伝えることは最低限必要な知識にとどめ，後は学生の主体性に任せることが必要である。

"Teaching" ではなく "Coaching"，つまり，答えを与えるのではなく，一人ひとりの主体性を引き出すことに徹する。学生の主体性を育てる，自主性を重んじるためには，教員は最低限の関わりしかもたない方がよい。関わりが強くなればなるほど，構えば構うほど，自主性を育てようと思っていたとしても，学生は自主的になるところか依存性が強くなってしまう。学生は必ずしも答えにたどり着けるかわからない，失敗することもあるが，それでも，学生は最適解を導き出すことができる，と信じて関わることが重要である。

プロジェクト学習の授業は，これまでの教育とは異なるものであると思っておいた方がよい。まずは主体性を引き出すことに徹し，後は困ったときに学生が質問，相談に来たらそれにこたえてやればよい。放置するのではなく「見守る」，そのつかず離れずの関係が，学生の「考える力」「生きる力」を育てることにつながるのである。

●コラム　教職員の垣根を越えた「教職協働」によるアクティブ・ラーニング推進について
：山中昌幸講師担当「企業協働の課題解決型プロジェクト授業」とかかわった事例から

　　　　　　　　　　　　　　　　　　　　　　　花園大学就職部就職課課員　西澤 直美

1　はじめに

　「社会人の方に，アポを取りたいんですけど，電話でなんて言えばいいんですか？どうすればいいんですか？」

　疑問符（？）を頭上にたくさんつけて，困り顔で就職課に駆け込んでくる学生――山中先生担当授業，「起業研究」の受講生だ。物心ついたときから，身近に携帯電話があり，固定電話で大人と話すことに慣れていない学生たちは，例えば電話で社会人とアポを取ることも，とても高いハードルになることもある。メールも同様である。この質問をしようにも，授業担当の山中先生は，授業日のみ週に一度しか出講されない。そこで，山中先生と協働している就職課へ助けを求めて来室したわけだ。

　アクティブ・ラーニングスタイルへと大学の授業形態が変わるなかで，職員に期待されている役割はとても大きい。職員がかかわることで可能になること，さらに職員にしかできないことも多くある。教員と職員が，学生を中心に置き，目標に向かい，「チームの同志」として肩を並べ，協働することによって，大きな力になることと思う。

　このコラムでは，私の事例を紹介しながら，教職協働を推進する上で，職員が担う役割について，考えたい。

　私は，現在就職部就職課の課員として，就職ガイダンスやキャリア・スキルアップ系講座を企画，さらに実際に講師として実施，また資格・検定やインターンシップ関連の事務，CDA（キャリア・デベロップメント・アドバイザー）としてキャリア・カウンセリング業務を日常業務としている。その他に，1・2回生の必修授業「キャリア・デザイン」をはじめ，基礎教育科目キャリア科目群（2013年度までは，CDC科目）にも関わっている。

　さて花園大学は，禅仏教の教えによる人格の陶冶を理念としている。一人の人間として自分の目で見て，自分の耳で聞いて，自分の肌で感じて，自分の頭で考え，さらに，自分のことばで伝え，自分の手足で行動する，いわゆる「五感と行動」である。就職課としても，本学を卒業する学生たちが，この建学の精神が根付いた人間として，「いま・ここ・私」（たった今，この場所で，私にできることは何か？を生涯かけて問い続ける人間になること）の心をもち，社会で必要とされる人材を育成することを目指している。それは，まさにアクティブ・ラーニングが目指す人材そのものだといえよう。

　特に，「職業学入門」「起業研究」という科目は，企業協働の課題解決型プロジェクト形態をとっており，学生の将来を見据えたキャリア教育という視点から，社会への入り口を担う就職課とコラボレーションする形で実施されている。担当いただいている教員は，前項の筆者，山中昌幸講師である。

　このコラムでは，前項の授業内容や学習実施のポイントを踏まえ，教職協働にかかる職員の目線から，以下三つの視点について話したい。これら三つの視点は，山中先生が企業協働の課題解決型プロジェクト（アクティブ・ラーニング）の成果を高めるため，教職協働とし

て職員に求めておられることであり，私自身も，職員として今後積極的にこのような役割を果たすことがたいへん重要だと考えている。

2　学生へのメンター，サポーター，アドバイザーとしての役割について

　山中先生の課題解決プロジェクト型授業の特徴は，いわゆる「教えない授業」であること。山中先生が最初の授業で学生に対して必ず話すことは，「本気でやろうと思った人だけ来週からの講義に来てください。」ということです。長期に渡って，企業と協働することへの取り組み姿勢を問われることはもちろん，真剣に今の自分を変えようとする学生本人の姿勢が大前提となるからだ。そして，企業協働の課題解決プロジェクト型授業「起業研究」という舟に乗った学生たちに対して，山中先生は船頭の役割をせず，一貫してただ漕ぎ方のヒントをアドバイスするというスタンスを崩さない。学生の力を「信じて」「ひたすら待つ」ことに徹していく。そのために，時に山中先生はあえて学生たちを突っぱねることもある。それは先生にとってもなかなか勇気がいるたいへんなことだと思われる。

　その際に，まず職員としての私に求められたことは，学生に安心感を与える，いわゆる学生にとってのメンターであり，サポーターであり，レクチャーできるアドバイザー的な役割ではないかと思う。特に山中先生は非常勤講師であり，授業日以外は日常的にキャンパスに不在という条件のうえ，授業の性質上，長期的かつ学生の主体性に期待する，いわゆる学生に大きな「負荷」をかけるこの手法には，上記のような役割を果たすスタッフが常時いるということが必要かつ重要であると思われる。

　さて，冒頭の駆け込んできた学生への私の対応について。

　もちろん答えはすぐに教えない。

　まずは不安と疑問を受け止める。そして，「もし，あなたが電話を受ける側だとしたら，まず相手の何が知りたいと思う？」「たとえば，逆にどんな話し方だったら，いやな気持になる？」「じゃ，どんなことに気をつけたらいいと思う？」などなど，ヒントを出しながら質問をし，必ず一度は自分なりに考えてもらうことにしている。頭の中でグルグル想像しながら，学生は一生懸命考える。どうしてもわからないことは，調べ方や資料を提示したり，事例を出したりしながらレクチャーすることもある。場合によって，電話かけのシミュレーションをしてみたりもする。そして，頭上の疑問符（クエスチョン・マーク）を，感嘆符（エクスクラメーション・マーク）に変えて，ちょっぴり自信をつけて，就職課の部屋を出て行く。

　前述の学生のように，山中先生に答えを求めて質問をしたところ，突っぱねられた学生が，就職課に駆け込んでくることが多い。その状況が生まれる背景には，山中先生が，まずは職員である私を信じて，そのように仕向けてくれているということ。うまく連携プレイができているのだと思う。

　実はいろんな状況を予測し，事前に申合せたりしておくこともあるのだ。ここで重要なことは，山中先生の「学生の力を信じて待つ」基本姿勢を，職員自身がしっかり認識し，理解しておくことだ。

　学生に対して，私自身が大切にしていることは，まずどんなことも「聴く姿勢を持つこと」と「受け止めること」そして「待つこと」だ。

　これは，実際に学生が教室で授業を受けているところに出向き，見学してみて気づいたことなのだが，学生たちは，教室で先生に見せない一面を，職員に見せることがあるということがわかったからだ。今まで生きてきた20年ほどの人生経験で，多くが「答えがちゃんと用

意されていたエリア」で生きてきている。そこから，「答えがないエリア（本当はたくさんあって，答えは人それぞれであるのだけれど）」へ放たれた学生は，必ず一同にとまどう。大切なのは，教員と職員がしっかりそんな学生たちの「どうしていいかわからない気持ち」をそのままに，ただ聴いて，受け止めることによって，安心し，何とかスタートしようとすることができるようになる。そんな姿を根気よく見守ることが大切なのだ。

　あるプロジェクトにてグループリーダー学生とのやりとりを例にとってみたい。

　　　ふらっと就職課へ立ち寄り，カウンター越しで立ち話。
　　学生：「メンバー，集まりが悪いんです。なんか自分一人があくせくやってる感じで。無責任なんですよね，みんな」（なんだか怒っている雰囲気）
　　私　：「そう，メンバー集まりが悪いのかぁ。プロジェクト一人でやってる！って思ってるのね。それで，そんなに怒ってるんだ。集まれないって，みんな授業とかで，都合が合わないのかな？」
　　学生：「うん，みんな授業がまちまちで，忙しいのはわかるんですけど……。でも決めなくちゃいけないことがあるから，結局自分一人で決めちゃうんですよね。それで事後報告してっていう，そんなサイクルになるんですよ」
　　私　：「そうなの。それで，自分一人でやってる！って，不満に思うのね。授業がかぶらないタイミングってまったくないの？」
　　学生：「う〜ん（少し考え込む）。みんなが授業ないっていうのは，お昼時間くらいかな。でも50分しかないから何もできないけど。」
　　私　：「そうね，お昼時間はみんなフリーかもね。移動や休憩する時間もいるけど，考えようによっては，50分って，結構，長くない？」
　　学生：「（少し考えて）そうですよね，50分，あるんですよね。（またしばらく沈黙。考えて）それに集まらない理由，他にもあるのかもなぁ。とにかくもう一度みんなに連絡してみます！」

　学生はその後，この昼休みミーティングを駆使したり，細かい連絡網やメールでの報告・相談をしたり，さらに山中先生からより実践的なアドバイスをもらいながら，少しずつグループをまとめることができた。

　もう一事例。コミュニケーションをとることがやや苦手な学生がいた。授業中のグループワークや，授業外でのグループ活動が少し難しく感じている。そんな悩みを，まず直接先生に言えないようなときに，職員がワンクッションになることによって，糸口がつかめることもある。この学生は，人をサポートしたいという気持ちをとても強くもっている学生だった。山中先生と私は，その学生について，授業中での姿や職員の前で見せる雰囲気など，お互いが持っているさまざまな情報を共有することによって，この学生が授業で何かできることはないか，一番いい役割は何かを相談しあった。さらにその学生と山中先生も相談を重ね，学生自身が自分で自分の役割を決め，受講する学生たちにも説明し，しっかりと授業にかかわることができたのだ。本番に向けての練習のときは，受講生たちが作成したパワーポイント画面やプレゼンテーションについて，その学生は的確なアドバイスを行い，さらに本番当日はタイムキーパーや準備活動など，アシスタントを確実に見事やりきることができた。それ

は，たんにその学生自身が自信をつけたということだけにとどまらず，授業への関わり方についての問い直しにもつながり，他の受講生にとっても，大きな意味をもつこととなった。

そのほか，開発途中の商品試食を頼まれたり，ミーティングやプレゼンテーション練習の場所提供，ちょっとした愚痴を聴いたりすることなど，些細なことも含めて，大学職員として，これほど学生と密にかかわったことは，今まで経験したことはなかった。

私自身がやったことは，山中先生の基本姿勢を守りながら，学生たちの状況をただ聴いて受け止め，ちょっと考え方の視点を変える方向へヒント出しをしたり，できたことをほめたりしただけである。

答え（可能性）は学生自身が持っており，自分自身で一つひとつ答えをみつけたのだと思う。学生主体の課題解決型プロジェクト授業だからこそ，学生がふと不安になったとき，こんな役割で寄り添う職員がいたら，学生だけではなく担当教員も安心なのではないだろうか。

そして，この授業が終了したあと，学生たちがせっかく身をもって体験し成長したことを，意識をダウンさせることなく，今後の学びへの意欲や学生生活・就職活動，さらに卒業後のキャリアに向けて，身近に寄り添って見守り，より高めていくサポートも重要であり，たいへん大きな意味をもつのではないか。現に，いざ就職活動をする時，学生時代にがんばったこととして，このプロジェクト活動を上げる学生も多い。それだけ自分自身も自信を持って，がんばったこと，成長したことと断言できるからではないかと思う。そして当然のことながら，このような活動をした学生は，社会から求められる人材へと成長できるのである。

3　教員にとってのアシスタント，パートナー，アドバイザーとしての役割

山中先生のスタンスは，常に職員が「パートナー」であるということ。さらに，職員に対してアドバイザーとして，意見を求めてこられることもある。学生の受講状態を観察して，気になる学生のサポートの仕方や，ビジネス・マナー研修内容・教材の選択，さらには授業の進め方について，一緒に考えたり，また時には，前述のように学生にアドバイスを依頼されたりすることもある。

特に，私の所属が就職課であり，普段からキャリア・カウンセラーとして，セミナーを実施したり，ビジネス・マナーのレクチャーをしたりしている経験もあってのことかもしれないが，職員をパートナーとして考え，一緒に学生をサポートするというスタンスを持つということは，職員にとっては，新たな境地であると言えるのではないかと思う。教員のパートナーやアドバイザーとしての役割を担うためには，常に進化し続ける姿勢，勉強が必要であることは言うまでもないことである。「教職協働」によって，職員はもっと多くの可能性があることを発見することとなるのではないか。

4　事務スタッフとしての役割について

最後に，まさに事務職員の本領を発揮する事務サポートについて。

学生への事務連絡や教室・備品・教材の準備ひとつをとっても，課題解決プロジェクト型授業のあり方や目的をしっかりと共有しておかなければ，期待する最大限の効果を出す授業にすることが困難になる。たとえば教室の問題。課題解決プロジェクト型授業は，グループワークを多く取り入れたり，プレゼンテーションをしたり，時には動き回れるようなワークスペースも必要とされるなど，従来の講義形式の固定式座席大教室という形態では，たいへ

んやりにくく，授業の効果は大きくダウンすることとなる。ただ，可動式座席でフリースペースや舞台のある教室は，学内でも限られているという状況である。職員は，ベストな教室を確保できないとき，この授業の効果をなるべく下げないようなベターな工夫を考えなくてはならない。

その他，プレゼンテーション大会など学生の活躍の場を盛り上げるための備品（表彰状やできれば景品）の調達，たくさんの教員・学生を観客に動員するための告知，さらに学生の活躍を広める学外への広報など，教員が持っていない情報をフル活用して，教員が手の届かないところをしっかりサポートすることも重要な仕事です。

万が一，トラブルが起きたときも，まずは事務職員が受け，対処することとなります。

また，この課題解決プロジェクト型授業が終了した後，協力いただいた企業と関連性を継続する工夫も必要です。それは，学生が残した貴重な成果でもあるからです。

たとえば本学では，「起業研究」の授業によって誕生した商品（「胡麻かすていら」）に，開発した学生を紹介したカードを添えて，手土産用菓子折りに活用するなど，プロジェクト終了後も協力企業との関係性の継続につとめたり，学内合同説明会や求人案内とともに，花園大学独自の産学連携プログラム事例を紹介することによって，学生の成果を広め，産学連携の協力依頼及び促進につなげたりしている。

これは，職員だからこそできることではないかと思う。

このように，課題解決プロジェクト型授業について，職員が理解をし，始まりから終了後も継続し，できる限り授業の効果がアップできるようサポートすることが大切である。

最後に，この課題解決型プロジェクト授業にかかわることによって，私自身が「大学職員」の可能性を感じた。

課題解決型プロジェクト授業をサポートするといっても，当初は正直なところ，授業で必要な物品をそろえることやビデオやカメラ撮影などの記録係，学生へ連絡事項を伝達をする程度でしか，考えていなかった。ただ着任された当初から，山中先生の考えは，一貫して職員は一緒に授業を作り上げるチームの同志であり，「タッグを組んでいるのだ」という姿勢でおられ，職員に対して，もっと授業をよくするためにどうすればよいか？という相談されたり，アドバイスを求められたりした。この課題解決型プロジェクト授業にかかわることによって，「大学職員」として何ができるのかという可能性を考えたとき，自分の「殻」を破ることが大切だと感じる。図らずも，「今・ここ・私」（たった今，ここで私にできることは何か？を問う）という姿勢を，自分自身が実践した形となったのである。

建学の精神である「今・ここ・私」を実現する人材育成方法として，課題解決型プロジェクト授業のような，学生の自主性をはぐくむアクティブ・ラーニングという手法はたいへん有効である。

それらをさらに推進する道は，教職員がお互いの立場を理解しあい，その間にある垣根を越えて，「教職協働」チームの「同志」であるというゆるぎない土台のうえにこそ，実現するのではないだろうか。

そういった意味では，アクティブ・ラーニングという授業形態は，今後の「教職員」のあり方を変化させるに違いないと思う。

第5章 「対話」と「活動」をくみこんだ プロジェクト型 アクティブ・ラーニング

● 中 善則・角野 綾子

5-1 「生徒指導の研究」の授業概要と4つのステップ

　本章では，2012年度と翌2013年度に開講した「生徒指導の研究」という教職科目でのアクティブ・ラーニング実践について述べる。この実践は，アクティブ・ラーニングには，「対話」と「活動」を授業構想に組み込むことが有効であるという考えのもと実践したものである。本節で，実践のおおまかな概要を，5-2で，新たな知を構築するために「対話」をどう深めたか，5-3で，どのような「活動」をし，学びを社会へひらいたのかについてまとめ，5-4で，「生徒指導の研究」の授業実践を学生アンケートなどから分析し，これからのアクティブ・ラーニング推進のための課題を析出したい。

①実践概要

　「生徒指導の研究」は，2単位の教職必修科目で，2012年は受講生89名，2013年度は77名で開講した。科目担当教員は中善則であるが，教育コーディネーターの角野綾子を協力教員として招き，二人で担当した（アクティブ・ラーニングを行うためには，複数の教員体制が望ましく，その面で大学当局の理解や財政面での支援が重要である）。受講生の内訳は，2回生が約4分の3，残るは上回生で，約半数が養護教諭免許を目指し，残る半分の学生は，中高の社会科，国語科，宗教科，福祉科，特別支援教諭を目指す学生である。

　この講義は，シラバスには，以下のように記載した。

> 現在の学校教育現場では，生徒を取り巻く環境に急激な変化が生じ，さまざまな問題を抱えている。その基本的原因を追求し，生徒指導の意義，原理，方法についての理解を深め，子どもを大切にし，諸問題に適切に対応できる能力の育成を目指すことを目的とする。また，キャリア教育の視点を学習し，その視点からの生徒指導のあり方を構想していく。さらに，グループ学習中心に授業をすすめ，その方法の取得も目指す。講義とともに，グループワーク等受講生の積極的な発言や参加を期待します。

　なお，シラバスに関しては，アクティブ・ラーニング型の授業を計画していること，さらには，このアクティブ・ラーニングが，どう大学や学科の教育理念に位置づけられ，どの能力の育成をねらいにしたものかも，今後，記載することが求められるだろう。

　この授業実践は，上に記したシラバスのもと，筆者が花園大学に着任した2012年度から始めたものである。2012年度の実践経過とその分析は，すでに別稿（中，2014）で記しているので，ここでは，2013年度の概要を，2012年度からの改善点を中心に記述したい。表5-1に授業の計画と目標，そして主な実践経過をまとめた。

表 5-1　2013 年度「生徒指導の研究」　授業の計画と目標ならびに実践経過

(1) 授業の目標
①講義で設定した目標・テーマ

「いじめ」をテーマにした協同学習（対話や交流を通して，共に知を構築する）を通して，
(1)「いじめに関する学習」の計画を作成し，「いじめが起こらない学級集団づくり・教職員集団づくり」についての考えを深めよう。
(2) シティズンシップ（市民性）を高めるとともに，協同学習の指導法を学ぼう。
※シティズンシップ＝「対話による知」＋「現実社会への参加」（本授業では，このように定義）

②特　徴　【4 名程度のグループをつくる（全 15 班）】

○「用意された正解」も「まちがい」もない
○「対等」な立場での学び合い（★一人ひとりが責任をもって，互いに協力することで成立する）

チームみんなで協力して，自分達だけの「わくわくする解」をつくり出そう！

③最終成果物：「いじめ」をテーマにした学習プログラム（指導案）
　　　　　　〈グループで開発したものを，母校（恩師）に提案の上，さらにグループで再改善したもの〉

　2013 年度の実践は，表のように「出会い期」・「交流期」・「構築期」・「発信・まとめ期」と 4 期に分け，各時期別に授業のねらいを明確にした。それは 2012 年度の開講時，学生が，慣れないメンバーとのグループ活動にたいへん困惑していた様子から，グループづくりの指導の必要性を痛感したため，「出会い期」・「交流期」というチームビルディングの時期を設け，指導を丁寧に行うことにしたのである。また，2012 年度は，「構築期」としての「活動」は，各班それぞれ別箇の「活動」計画のもと，班独自に行動をさせたため，それぞれの班での活動内容は豊かなものになったものの，全体としての学びの共有ができなかった。そこで，その反省を踏まえ，2013 年度は，「構築期」としての活動後に，「発信・まとめ期」を計画し，各班の成果の共有を図ることとした。

②実践の 4 つのステップ

　筆者は，「対話」と「活動」を組み込んだプロジェクト型アクティブ・ラーニングの実践を行うにあたって，その充実（シティズンシップと生徒指導観の形成）のためには，82 頁の図 5-1 で説明した 4 つのステップ「①班編成，グループワーク」「②対話による知の構築」「③プロジェクト型の授業構想」「④「活動」のリフレクション」が欠かせないと考えている。そこで，本節では，まず，授業開講時の前提条件を述べた後，その 4 ステップについて概説する。

前提：授業構想の合意（共同決定）

　始めに，学生に授業を進めるにあたって，生徒指導について（特に，「いじめ問題」に焦点化して）の理解を深めるために，講義型でなく，アクティブ・ラーニングの手法を取り入れ，表のように授業を進めていくことを提案をおこなう。
　つまり，学生に，教員の考える授業のねらいとその方法（この講義では，アクティブ・ラーニングの手法を取り入れること），そして最終成果物（所産）を明示し，授業構想への合意を得ることが授業びらきの前提となる。

表5-1 2013年度 「生徒指導の研究」 授業の計画と目標ならびに実践経過（続き）

(2) スケジュール

	目　標　　○：生徒指導の理解について　●：協同学習について	プロジェクトの段階	グループ学習の内容（→成果目標）
Ⅰ. 出会い期 1回（9/26）	○●授業の目標と流れを理解する。 ●メンバーが積極的に互いを知り合う。	（事前） グループ ワーク	・事前アンケート記入 ・チーム結成 ・自己紹介で互いを知り合う
2回（10/3）	●メンバーどうしが積極的に互いの理解を深める。		・協同学習の練習（ウォーミングアップ） ➡「チーム名」や「チームで大切にしたい目標」が決定
Ⅱ. 交流期 3回（10/10）	○生徒指導の意義や重要な点を理解する。 ○いじめ問題やいじめに関係する人たちの心情等についての考えを深める。 ●対話による知の構築	課題把握	・「いじめ問題」についての事例研究，ロールプレイ等
4回（10/17）		課題分析	・プログラム開発➡プログラムの方向性が決まる。
5回（10/24）	○生徒指導で大切な考え方など要点を学ぶ ●「協同学習の目標」や「チームの目標」をふまえ，全員が力を合わせて「プログラム」を開発する。		・プログラム開発（※一度はチェックを受ける）➡プログラムの骨組みが決まる ・フィードバックを願う先生へ連絡
Ⅲ. 構築期 6回（10/31）		意思決定	・プログラム開発（※完成前にチェックを受ける）➡プログラム完成 ➡フィードバックをもらう先生が決定
11/1～11/13	【活動1】　母校を訪問し，恩師からプログラム案へのフィードバックをもらう		
7回（11/7）	○生徒指導の意義や重要な点を理解する。 ○いじめ問題やいじめに関係する人たちの心情等についての考えを深める。 ●対話による知の構築	参加・提案	・「いじめ問題」についての事例研究，ロールプレイ等
8回（11/14）	○実践記録より生徒指導のあり方について学ぶ ●現場の先生からのフィードバックをふまえ，プログラム案を改善する。	課題把握 課題分析	・フィードバックをふまえた改善
9回（11/21）	○「いじめ」以外の生徒指導の諸問題について学ぶ ○外部機関との連携について学ぶ		・プログラム案の発表（実演）の準備①
10回（11/28）	○「いじめ」をテーマにしたプログラム（指導案）を完成させる	意思決定	・プログラム案の発表（実演）の準備②
11回（12/5）	●「協同学習の目標」や「チームの目標」をふまえ，全員が力を合わせて「プログラム発表」の準備をする。		・プログラム案の発表（実演）の準備③
Ⅳ. 発信・まとめ期 12回（12/12）	○生徒指導のまとめ ●「協同学習の目標」や「チームの目標」をふまえ，全員が力を合わせて「プログラム」を発表（実演）する。	参加・提案	・プログラム案の発表（実演）①
13回（12/19）			・プログラム案の発表（実演）②
14回（1/9）	●フィードバックをふまえて改善する。		・フィードバックをふまえた改善・まとめ
～1/20	【リフレクション（活動2）】　新聞編集委員へ手紙を送る		
15回（1/16）	○キャリア教育について学ぶ		

※テキスト　「生徒指導提要」　文部科学省　平成22年3月
※レポート課題　①3回終了時：ロールプレイのふりかえり
　　　　　　　　②11月末まで：学校訪問記録表・（恩師による）コメントシート
　　　　　　　　③講義終了後：朝日新聞社　氏岡真弓　編集委員への手紙
　　　　　　　　（氏岡論文「問い直す　その死の意味」『生活指導』　高文研　2013年2・3月号　を読んで）
※提出物　①毎時間終了後：本時のふりかえりシート
　　　　　②「いじめ」をテーマにしたプログラム（指導案）

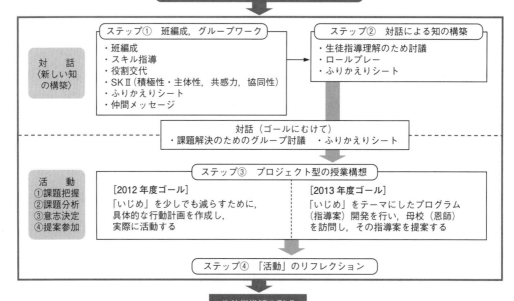

図5-1 アクティブ・ラーニング実践の4つのステップ

ステップ①：班編成・グループワークの必要性（詳細は5-2で）

　この授業では，まず，班を編成する。筆者（中）は，講義を通して固定された班を作ることが大切だと考えている。そのグループで，対話のできる集団をつくる取り組みを丁寧に行っていくのである。そのためにはグループ内で，自分をしっかりと表現し，またそれを受け止めあえる信頼感の醸成に注力する必要がある。

　そこで，2013年度の「生徒指導の研究」では，4〜5名からなる班を編成し，「出会い期」として，第1回目〜2回目にかけて，楽しみながらできるブレインストーミングなどを繰り返し，協同学習の練習を行い，チームビルディングを図ることにした。

　班編成は，学生に任せる自由編成ではなく，完全な抽選で行う。学科も年齢も違う，全く異質な者どうしの出会いが，新しい学びを生み出すきっかけとなるとの考えからである。この点について，学生は当初たいへん戸惑っていたが，後々，「新たな友人ができた」「他の学年の人たちと知り合えてよかった」「先輩と話ができてうれしい」と評価が高いようである。

　また，グループワークの時，班の集団づくりにどこまで自分や班員が前向きに関われていたのかについて「ふりかえり」を丁寧に行わせ，次回へとつなげるようにした。学習の本テーマに入る前の（事前）グループワークと授業終了時の「ふりかえり」の充実がその後の学修の発展のポイントとなるのである。

ステップ②：対話による知の構築（詳細は5-2で）

　次に，学生どうしの対話を重視して，学習テーマの理解を深め，新たな知の構築を図っていく「交流期」としての工夫が必要である。講義テーマについて，時間を十分に保障し，方法を工夫しながら学生どうしがじっくり議論して，考えを深められるようなグループづくりを行いたい。2013年度の「生徒指導の研究」では，具体的な「いじめ」の場面を想定し，教員役と生徒役に分かれて，実際にどう対処するかのロールプレイなどを行い，生徒指導のあり方につい

ての考察を深めさせることにした。このような過程を経ることで，例えば，学級に「いじめ」が発生した場合，学習前は加害者へ叱責することこそが重要と考えていた学生たちに，加害者へも教育的な援助が必要な事や，学級内でのいじめの傍観者や無関層の生徒への指導の必要性，さらにあたたかい学級づくりへの視点などが芽生えていく。そこには，教員が教え込んだものではない，自分たちでたどりついた新たな知がある。

ステップ③：プロジェクト型の授業構想（詳細は5-3で）

　交流期が終わり，本格的な学習に入る「構築期」では，あらためて授業における追究課題（ゴール）を明確に示すことが重要である。ゴールが明確であるほど，班内の対話は進展するため，ゴールとして，なんらかの成果物（所産）の作成を設定するとよい。さらに，そのゴールを，教室内のみや仮想空間に閉じてしまうのではなく，外部に開くことも重要である。学生は，現実社会の課題と自らの探究課題がつながったとき，学ぶ目的が明確になり，本気になる。それゆえ，対話を深めるためにも，現実社会をよりよくしていくためにも，社会にひらかれた活動を伴うプロジェクト型の授業が有効になる。

　「生徒指導の研究」では，「構築期」に，2012年度は，「いじめ」を少しでも減らすために具体的な行動計画を作成し，実際に活動することを，2013年度は，「いじめ」をテーマにしたプログラム（指導案）開発を行い，母校（恩師）を訪問し，その指導案を提案するという課題を設定した。

　このようなプロジェクト型の学修は，第1章に記した通り，4段階，つまり，「課題把握」➡「課題分析」➡「意思決定」➡「提案・参加」の流れをたどり進めていく。

　2012年度の実践では，「課題把握」では，いじめを減らすメッセージをだれ（いじめる生徒，いじめられる生徒，教師，保護者，社会全体など）におくるのか考えその対象を決定することを行い，「課題分析」では，その人々に対して，どのようなことを訴えるべきかを検討した。また「意思決定」は，具体的な行動計画を完成させることで，「提案・参加」は，その行動計画に添って，実際に活動することになる（2013年度分は，表5-1（☞80,81頁）に記載）。

　このようなプロジェクトに取り組むことで，学生たちは，現実社会を少しでも改善する（「生徒指導の研究」では，「いじめ」をなくす・減らすこと）という目的をもって，現実に触れ，活動内容を創造し，自分でたどりつく新たな知を構築していくことになる。

図5-2　授業構想を練る学生たち

ステップ④：「活動」のリフレクション（詳細は 5-3 で）

　プロジェクト型アクティブ・ラーニングでは，そのリフレクションを，各学習段階において，もっとも適した方法を選択して行う必要がある。なかでも，「参加・提案」の段階での「活動」に関するリフレクションは，学びの理解をより深めるために重要である。

　例えば，2013 年度の実践では，グループで考えた指導案を，恩師を訪問して助言をいただく「活動」の後，班員相互にその内容を報告しあうことで，指導案の内容がより深まったようだ。また，その指導案を全体へ発表（実演）し，相互にコメントしあい，さらに，講義のまとめとして，いじめ問題について学ぶときに参考にした論文の著者に学生一人ひとりが手紙を送るというリフレクションを行った。よく，授業時間の関係で，「活動」をさせたまま，個々人で簡単にふりかえりを済ませて授業を締めくくりがちだが，充分に「リフレクション」・「ふりかえり」[1]を行う時間を，あらかじめ設定することが重要である。

5-2　「対話」で知を構築する

　本節では，対話の準備と練習を行う「Ⅰ．出会い期」と，講義のテーマとなる課題をつかんだ上で課題分析を行う「Ⅱ．交流期」を取り上げ，各ステージの要点をまとめたい。

　筆者（角野）は，教育現場でさまざまな「対話」の場面に接してきた。ある現場では，時間が経つにつれて議論が白熱したものとなって行く。しかし，しだいに議論の方向性が見失われてしまうと，「はたして何のための対話だったっけ？」と，メンバー全員が首をかしげ，対話が「行く当てのない旅」へと迷走していくことになる。また別の現場では，活気にあふれた対話が展開され，終了後に「楽しかった」との声が続々と寄せられる。けれども，その学習者が，帰宅して冷静になったとき，「楽しかった」こと以外に，対話を通して自身が得たものをきちんと実感できているだろうか？

　「対話」を旅に例えるならば，まず旅を共にするメンバー全員が目的地（どこに行ってなにをするのか）と，その目的地に向かうための旅程，目的地に至る過程でどんな力を身につけて行くべきかしっかりと意識することが重要である。そして旅の途中で，しっかりと目的地へ向かって進めているか，課題や改善していくべき点はないのか，定期的に確認していくことが必要である。そして最後には，仲間と旅を共にしたからこその（自分一人だけの旅では得られなかった）何かをしっかりとつかみ，次はさらにステップアップした目的地へと意気揚々と旅立てるようにと願う。

　この授業実践において，旅の目的地にあたるのが，5-1 でも記述した「ゴール（講義全体の目的＝科目の教授目標，最終成果物）」である。対話の迷走を防ぐためにも，「対話の先にあるもの」としてのゴールを明確に提示し，しつこいくらい何度も共有することが重要である。

---

1) 「リフレクション」と「ふりかえり」という用語の書きぶりについては，論者によってやや違いがみられる。教育界において一般的には，学習における省察活動を総称して，「リフレクション」とよび，「ふりかえり」という用語とは厳密には区別されずに使用されていることが多い。
　だが，筆者は，「ふりかえり」の重要性も鑑み，本章（第 5 章）では，以下のように使い分けることにしている。「リフレクション」は，ある教授目標のもとで行われる学びや「活動」の後，その活動等の意味を，読み解いたり，抽象化・理論化したり，さらに次の「活動」をよりよく為すために再計画をしたり，試行したりする広範で長期に渡る学習活動そのものをさす。また，その「リフレクション」の一つとして行われる「ふりかえり」は，毎授業終了直前に，その時間で学んだことや考えたことを，個人やグループ間で，もう一度確認・整理し，深めるという授業のまとめの作業に限定して用いる。毎時の丁寧な「ふりかえり」を重ね続けることが，より深い知を生みだすもとになると考えている。

「生徒指導の研究」の授業実践では，仲間と共に目的地へ向かう過程で身につけてほしいと願う力を「協同学習により育てたい力」として，①主体性・積極性，②共感力，③協同性の三つを提示した。そして，これらをしっかり身につけられているか，またチームの目標に近づけているかなどの確認を，「ふりかえり」として毎回の授業終了直前に行った。「ふりかえり」の内容を仲間としっかり共有し，次回以降の改善へとつなげていくことが肝心である。授業の最後には，仲間と旅を共にしたからこその何かを，学生はつかむことができたのだろうか。この授業実践「生徒指導の研究」では「対話を通して知を構築する」ことをめざしているが，その成果や課題については，本節の最後に述べたい。

【協同学習により育てたい力】

❶ **主体性・積極性**（ひとことでいえば，「誰かまかせにしない」態度）
- 協同学習の中で起こる1つひとつのことを，「自分ごと」としてとらえ，自分たちで解決してよりよい目標に到達するためにはどうしたらいいか考え，行動にうつす態度。

❷ **共感力**（ひとことでいえば，「受け止める」力）
- 自分とは異なる考えであっても，すぐに否定せず，相手の声にじっくり耳を傾け，発言の意図・背景にまで思いをはせる力。そうすることで，共感・共有できる点を探すことができる。

❸ **協同性**（ひとことでいえば，「仲間と力を合わせて計画・行動し，改善していく」力）
- チームで共通の目標を見定め，目標をかなえるための計画を立て，力を合わせて行動にうつす。そして，行動後には結果を検証し，よりよく改善していく力。

---

① 「Ⅰ．出会い期」

全15回にわたる対話を組み込んだ授業プロセスのうち，メンバーどうしが出会い，互いを知り合う「Ⅰ．出会い期」には，まず先述の「対話の先にあるもの」としてのゴール（講義全体の目的）を全員で確認・共有することが重要と考える。その上で，初対面の緊張をやわらげ（アイスブレイク），自己紹介などを通してメンバーどうし互いをよく知り合った上で，ブレインストーミング等のグループ活動の練習を行い，チームワークの基礎をつくっていく「チームビルディング」が重要である。

[1] チームビルディングの要素

どのようなチームを構築するか，つまりチームビルディングを考える上で不可欠なのは，ビジョンとミッションである。ビジョンとは，「どのようなチームをつくっていきたいのか」というイメージ，そしてミッションとは，この授業を実施する期間，そして教室という空間を超えて，授業終了後，社会に出た後も，「どんな役割を果たす人間であってほしいか」という願いを込めたものである。

「生徒指導の研究」の授業実践でのチームのビジョンは，本書第1章にあるように，「互いを認め合いつつ，知を構築していく」チームであるため，一人ひとりの主体性と相互作用が肝となる。そしてミッションは，同じく1章にある「よりよい社会を創造するために」考え抜き，行動にうつすことできる（相手の立場に立って，だれもが困らない社会のあり方を考え抜き，仲間とともに行動できる）人間を育むことである。

このようにビジョンとミッションをふまえて，特に授業の初期段階（「Ⅰ．出会い期」と「Ⅱ．

交流期」）で丁寧にチームビルディングをしておくことが，グループ内での対話の質に大きく影響し，その後のグループワークの進捗を左右する。

ここでは，チームビルディングの要素として，「㋐あたたかい関係づくり」「㋑チーム編成」「㋒役割ローテーション」の3点を取り上げたい。

㋐あたたかい関係づくり（クラス全体やチームのあたたかい雰囲気づくり）

グループワークの内容は，クラス全体やチームがどんな雰囲気をもっているかによって大きく左右される。クラス全体の雰囲気に最初に影響するのは，授業者の話す内容や話し方から，一人ひとりの学生が感じ取る授業者の考え方（大切にする価値観）そして雰囲気である。次に影響するのは，授業の初期段階のグループワークの内容・方法である。

「生徒指導の研究」の授業実践では，「Ⅰ．出会い期」の冒頭に，「生徒指導の研究」の授業のビジョン・ミッションの核心に触れる話が，中からあった。そして，そこで醸し出された「一人ひとりを大切にしよう」「互いを認め合いながら，共に知を構築していこう」というあたたかい雰囲気が，全15回の授業全体の基調となった。このように，特に授業の初期段階で，学生一人ひとりの成長を願った授業の目的（めざすこと）と授業者が大切にする価値観を伝えることが非常に重要となる。「生徒指導の研究」では，上述のビジョン・ミッションをふまえ，「協同学習により育てたい力（①主体性・積極性，②共感力，③協同性）」を毎回の授業で提示し，学生全員と共有した。

㋑チーム編成

チーム編成の要素として，人数と編成方法の二つを取り上げたい。

まず，人数については，「生徒指導の研究」の授業実践では4～5人が最適な人数であった。2～3人では，話し合い自体は進めやすいが，特に欠席者がいる場合など「多様な考え方」に触れるという観点では充分でない可能性がある。一方で，6人以上になると，多様性という観点では良いものの，話し合いが進めにくく，特定のメンバーが多く発言したり，特に大学の固定された席では物理的にメンバー間の距離が離れて話し合いにくいため，チーム内で自然に2分割して話していたりということにもなりかねない。こういった多様性や話し合いの進めやすさの観点から，4～5人が最適な人数であると考える。

次に，編成方法についてであるが，学生による任意のチーム編成や教員による作為的チーム編成などさまざまな方法がある。「生徒指導の研究」のなかでは，ミッションをふまえ，社会に出た後も，偶然出会った初対面の人とも共に考え行動できる力を身に付けてほしいという観点から，無作為チーム編成を採用した。

㋒役割ローテーション

チームのメンバー一人ひとりの主体性を育むため，「生徒指導の研究」の授業実践においては，敢えて「リーダー」という役割は設定せず，毎回，グループ内での役割（司会，タイムキーパー，記録，連絡，発表）を交代していく仕組みをつくった（☞図5-3）。

また，チームの目標を設定し，その目標に対しても毎回の授業でふりかえりを行うことで，メンバー一人ひとりが主体性を発揮しながらも，チームが一体となって目標に向かって取り組む体制づくりをめざした。

協同学習「役割分担シート」

1. チーム名 ＿＿＿＿＿＿＿＿＿＿＿＿＿＿＿＿　　　　　　　　　　作成物

2. チーム目標（チームで大切にしたい目標）

3. チームメンバー：メンバー全員の名前とニックネームを記入しましょう。

4. 役割分担：空欄に名前を書きましょう。　　　　　　　　　　メンバーが少ない場合は一人が兼任

	司会 一人ひとりが発言し、話し合いがうまく進むよう司会をする。	タイムキーパー やるべきことが決められた時間内に進むよう、声がけ等をする。	記録 チームで出たアイデアなどをシート等に記録する。	連絡 チーム間や、チームと教員間の連絡を行う（シートの配布等を含む）。	発表 チームで出たアイデアなどを、チームを代表して発表する。
②10/3					
③10/10					
④10/17					
⑤10/24					
⑥10/31					
⑦11/14					
⑧11/21					
⑨11/28					
⑩12/5					
⑪12/12					
⑫12/19					
⑬1/9					

図 5-3　役割分担シート

[2] アイスブレイク

あたたかい雰囲気に包まれ、グループ学習のポイントを共有した上で、最初のグループワークとして行うのが、「㋐自己紹介」や「㋑発想ゲーム」などのアイスブレイクである。アイスブレイクは、初めての相手との会話で緊張した学生の心と頭をほぐすだけでなく、グループワークの練習にもなる。そしてなによりも、講義全体を通して大切にしたい「発想」の習慣やグループワークのルールを浸透させる効果も期待できる。

㋐自己紹介

自己紹介の内容は、初対面の相手とも打ち解けられるよう、名前やニックネームのほかに、「最近あったうれしいできごと」なども入れるとよい。また、互いに「どんなことが得意・苦手なのか」を知っておくと、今後、グループワークを進めて行くうえでの参考にもなる。

㋑発想ゲーム

発想ゲームのもっとも重要なルールは「否定しない」ことである。これは先述した「協同学習により育てたい力」でも重視していた事項でもある。誰かが1回でも否定すると、新しい発想が出てくるのを妨げ、今後のグループワークの進み方にも影響する。どんなアイデア・意見も否定せず、まずは受け止める練習を、このワークを通して行うのである。

なお、発想ゲームのテーマはグループワークの段階をふまえて工夫が必要である。「Ⅰ. 出会い期」は、否定せずにどんどんアイデアを出す練習をすることがポイントである。そのため、アイデアが出てきやすい簡単なテーマ（「まるいもの」「音が出るもの」など）で行うのがよいだろう。また、メンバーとの距離を縮めるためには、「チームメンバーの共通点」などをテーマにすると、互いに質問し合って、共通項をみつけ、親近感を深めることが期待できる。さらに、「理想とするチームの状態」などについてアイデアを出し、出た意見をまとめて「チーム目標

として設定することもできる。「Ⅱ．交流期」以降は，無難な発想を打破し，ユニークな発想を奨励するテーマ（「ガラスのコップの使いみち」など）や，授業の課題に関するテーマ（「いじめと聞いてイメージすること」など）にすると，授業内容とのつながりも出て，その後の活動にも，出てきたアイデアを活かすことができる。

また，各グループで出たアイデアの数を発表させることで，アイデアが多ければ多いほどいいという雰囲気をつくり，ユニークなアイデアを発表させることで，独自性のある発想を奨励する雰囲気をつくることができる。

【発想ゲームのテーマ例】
Ⅰ．出会い期
● アイデアが出てきやすいテーマ例：まるいもの，音が出るもの，白いもの
● メンバーどうしの親近感を深めるテーマ例：チームメンバーの共通点
Ⅱ．交流期以降
● 無難な発想を打破し，ユニークな発想を奨励するテーマ例：ガラスのコップの使いみち
● 授業の課題に関連するテーマ例：「いじめ」と聞いてイメージすること

【参考】学生の感想（事後アンケートより一部抜粋）　※部分は筆者による
● 最初は，見知らぬ人だけの班でものすごく気まずかったですが，回を重ねることによって仲が深まっていき，意見を素直に言い合える班になることができて良かったです。
● 始めは，不安な気持ちでいっぱいだったけれど，アイスブレイクを通して緊張がほぐれました。自分から発言したりすることが苦手で治さないといけないと思っていました。この授業ではSK2（※協同学習のポイント）をしていかないと進まないので，少しずつ発言をしていって，今では前より少しは積極的になったのではないかと思います。

---

② 「Ⅱ．交流期」

グループでの対話に慣れ始めた「Ⅱ．交流期」には，講義のテーマ・課題（生徒指導，いじめに関する基本的事項等）をさまざまな文献を読んだり，ゲスト講師のお話などを聴くなどしてしっかりと把握した上で，テーマに関連する意見交換やロールプレイ等を行い，課題の研究を進めていく。

[1] 事例研究・ロールプレイ

グループでの対話に慣れ始めた段階で，改めて講義のテーマ・課題（生徒指導，いじめに関する基本的事項等）に関連する根幹となる考え方，基礎的知識をしっかりおさえたい。そこで「生徒指導の研究」の授業実践においては，文部科学省「生徒指導提要」をテキストとして用い，生徒指導に当たって根幹となる考え方に触れた。特に，いじめに関しては，「いじめの四層構造（いじめの当事者，被害者，観衆，傍観者の四者すべてがいじめに関わっており責任があること）」をしっかりとおさえた。さらに，いじめに関連するコラムや記事等を読むことを通して，さまざまな事例に触れる機会をつくった。

事例研究を通して，生徒指導・いじめ問題に関する要点をおさえた上で，あるいじめのシチュエーションを例に，グループで次のようなロールプレイを行った。

【ロールプレイ概要】

●**配　　役**　①いじめの当事者，②被害者，③観衆，④傍観者，⑤教員役（担任や養護教諭，学年主任役など複数），のいずれかをグループ内のメンバーが担当する

●**設定したシチュエーション**　ある教室の前を教員が通りかかると，窓ガラスが割れ，そのできごとに関連したと見られる複数の生徒（生徒 A, B, C, D）のほか，まわりに多くの生徒が集まっている。教員の立場だったら，このような場面に接したとき，どのようにしますか？

【ロールプレイの手順】

❶まず自分だったらどうするか，一人で考える

❷グループ内で配役を決め，ロールプレイを行う。

❸ロールプレイの結果をふまえ，それぞれの主体の気持ち，行動の背景，どうしたらよかったか等について対話を行う。（グループの他のメンバーの考え方に触れる）

❹対話の結果をふまえて，もう一度，ロールプレイを行う。

❺他のグループの考え方にも触れる。

❻自分一人で考えた時と比べて，どのように考え方や行動が変化したかを分析してまとめる。

ロールプレイでは，いじめの当事者，被害者，観衆，傍観者，教員などそれぞれの気持ちや行動，その背景・原因について考え，感じることを目的とした。同じシチュエーションであってもロールプレイの内容は，メンバー（どの人がその役割を演じるか）やグループによって大きく異なった。ロールプレイ終了後には各主体の気持ちや行動をグループ内やクラス全体で共有し，話し合った。その結果をふまえて，もう一度ロールプレイを行うという繰り返しをすることによって，課題について深く分析し，理解を深めることができると考えたのである。

ロールプレイで「初めに一人で考えた時」と「グループで考えた時」を比べ，どんな変化や気づきがあったのかを学生にはレポートに書かせた。その一例を図 5-4 にあげる。他の人の考え方に触れることで，自分一人では気づかなかった点についての発見があったとの意見が多くあげられた。

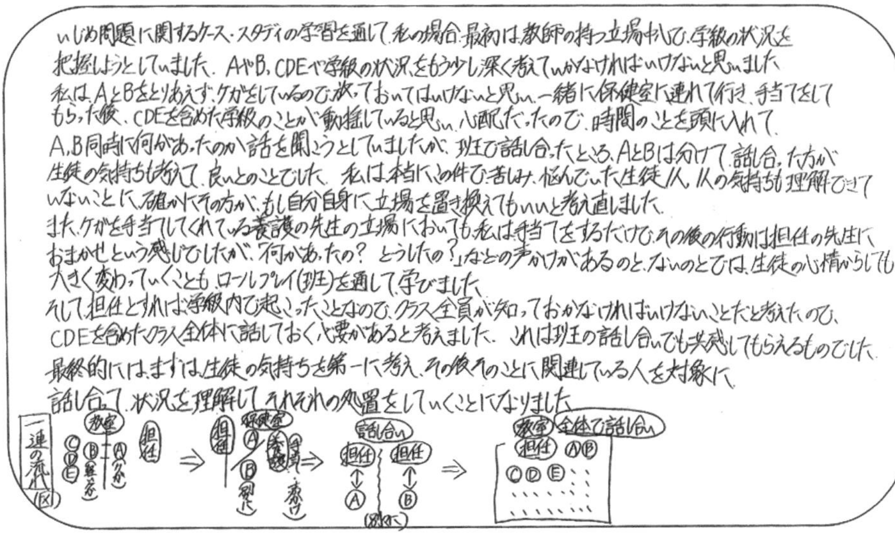
いじめ問題に関するケース・スタディの学習を通して，私の場合，最初は教師の持つ立場から学級の状況を
把握しようとしていました。AやB，CDEや学級の状況をもう少し深く考えていかなければいけないと思いました。
私は，AとBをとりあえず，ケガをしているので放っておいてはいけないと思い，一緒に保健室に連れて行き，手当てをしてもらった後，CDEを含めた学級のことが動揺していると思い，心配だったので，時間のことを頭に入れて，
A，B同時に何があったのか話を聞こうとしていましたが，班で話し合ったところ，AとBは分けて，話し合ったほうが生徒の気持ちも考えて良いとのことでした。私は本当にこの件で苦しみ，悩んでいた生徒1人，1人の気持ちも理解できていないことに，確かにその方が，もし自分自身に立場を置き換えてもいいと考え直しました。
また，ケガを手当てしてくれている養護の先生の立場においても，私は手当てをするだけで，その後の行動は担任の先生におまかせという感じでしたが，「何があったの？　どうしたの？」などの声かけがあるのと，ないのとでは，生徒の心情からしても大きく変わっていくことも，ロールプレイ（班）を通して学びました。
そして担任とすれば学級内で起こったことなので，クラス全員が知っておかなければいけないことだと考えたので，CDEを含めたクラス全体に話しておく必要があると考えました。これは班の話し合いでも共感してもらえるものでした。
最終的には，まずは生徒の気持ちを第一に考え，その後そのことに関連している人を対象に，話し合って，状況を理解して，それぞれの処置をしていくことになりました。

図 5-4　ロールプレイのレポート

【参考】「一人で考えた時」と「グループで考えた時」を比べての変化や気づき（※一部抜粋）

- みんなの考えを聞いて，自分がもしも教師であった場合，生徒の気持ちや問題にかかわっていない子に対する配慮が甘かったと感じました。生徒一人ひとりの気持ちを尊重すると共に，残された生徒がそれを見てどんな行動をとればよいのかや，どの様に感じているかをもっと掘り下げて考えていきたいと思いました。
- 一人で考えていたときと比べて，いろんな考え方があることを知りました。自分では思いつかなかったことも，班で考えればたくさんの案が出てきてよかったです。「大丈夫か」と言うことも大切だけど，このようなことが起こったときは，まずケガをしていないかどうかを確認することが大切だと知りました。

[2] ふりかえり

グループワークが続くと，どうしても中だるみや，メンバー間の不和などが出てくる場合もある。「生徒指導の研究」の授業実践では，しっかりと目的地へ向かって進めているか，課題や改善していくべき点等について定期的に確認し改善していくと共に，「知の構築」を確認する場として，ふりかえりを毎回の授業終了直前に行った。ふりかえりの観点として三つを設定した。

一つめは，上述の「育成したい三つの力」（＝①主体性・積極性，②共感力，③協同性：☞85頁），二つめは出会い期に設定した「チームの目標」，三つめは「成果目標」で，各回の到達目標（企画シートを50%以上完成させるなど）に対しての達成度を記入し，それぞれの原因を分析することで，次回に向けての改善につなげられるようにした。

さらに，毎回，チームのメンバー一人ひとりに対してのメッセージを付せんに書いて渡し，

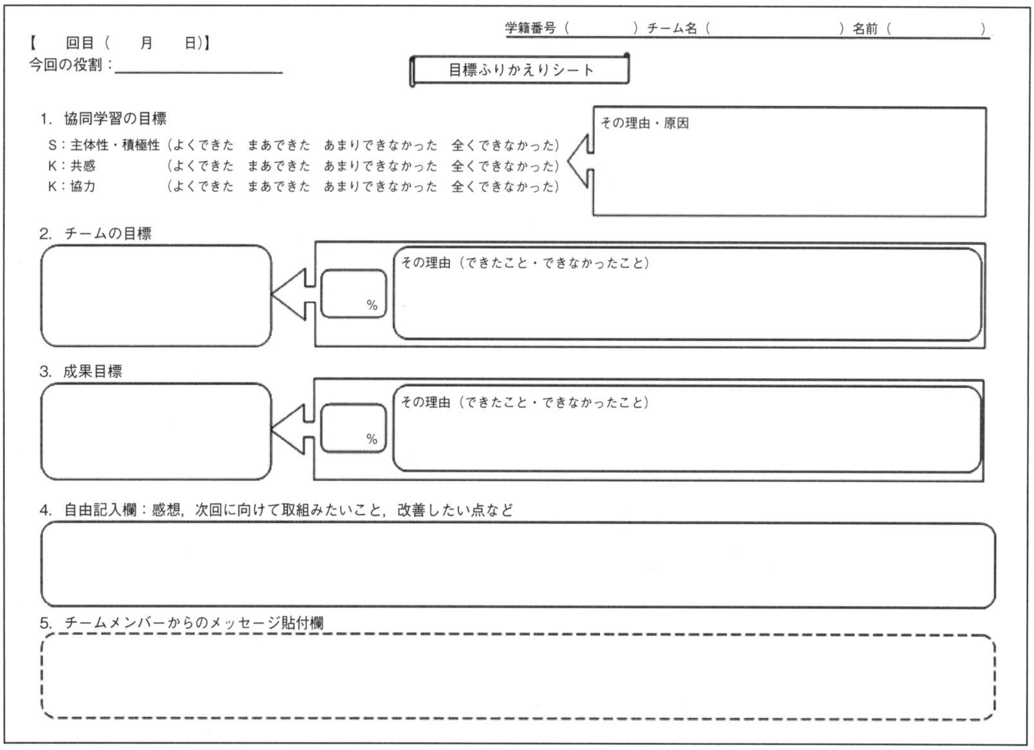
学籍番号（　　　）チーム名（　　　　　）名前（　　　　）
【　回目（　月　日）】
今回の役割：＿＿＿＿＿＿＿＿
目標ふりかえりシート
1. 協同学習の目標
S：主体性・積極性（よくできた　まあできた　あまりできなかった　全くできなかった）
K：共感　（よくできた　まあできた　あまりできなかった　全くできなかった）
K：協力　（よくできた　まあできた　あまりできなかった　全くできなかった）
その理由・原因
2. チームの目標
%
その理由（できたこと・できなかったこと）
3. 成果目標
%
その理由（できたこと・できなかったこと）
4. 自由記入欄：感想，次回に向けて取組みたいこと，改善したい点など
5. チームメンバーからのメッセージ貼付欄

図5-5　ふりかえりシート

各自がもらった付せんを，ふりかえりシートの「チームメンバーからのメッセージ添付欄」に貼るようにした。メッセージの内容は，「その人の言動で素晴らしかったこと，もっとこうしてほしいと思うことなど」を書くようにした。こうすることで，口に出してはなかなか言えない感謝の気持ち，あるいは改善してほしいという要望なども伝えられるようにし，チームが気持ちの面でも一丸となって改善を重ねながら取り組みを進められるようにした。なお，今回のふりかえり方法についての反省は，5-4 で記述している。

③ 本節のまとめ

対話による知の構築について，学生のふりかえりをみてみると，学生たちは，「いじめ」に関する理解や発信・行動内容の学習に，始めは戸惑いながらも，いつしか壁を越え，連帯感を持ちつつ対話を深めていった様子がよくわかる。また，他者からの助言を受け，考察を深めた例が多々みられた。このように，学生は，対話を重ねることにより，課題に対して自分たちなりの知見，及びその指導法をつかむことができたのではないだろうか。仲間との協同で構築した「知」は，既存の「知」を超え，新しい世界を創りあげる礎となると考える。今後，一層のグループ間の協同をうみだすためのテーマや仕組みの工夫などを図りたい。

5-3 「活動」の成果と課題

① 2012 年度の活動

2012 年度は，前半 5 回の授業で，講義やロールプレイを通して生徒指導の基本原理や「いじめ」について学んだ後，その学びをふまえて，6 回目以降の授業で，「いじめ問題を解決するために　今私たちができること」というテーマのもと，グループごとに「働きかけたいいじめの原因」や「働きかけたい対象」等を考えた。その上で，各グループが独自の活動内容を考え，「社会参加」として実社会に対する活動をしたり発信するという取り組みを行った。

テーマ：「いじめ問題を解決するために　今私たちができること」
❶テーマ（働きかけたい「いじめの原因」）
❷働きかけたい対象（被害者 or 加害者 or 観衆 or 傍観者 or 教職員 or 地域社会等）
❸私たちのアクション（※❶に記入した「いじめの原因」をふまえ，どんなアクションを起こすか）
❹発信の内容・対象（どんなことを誰に発信するか）
　1）誰に発信しますか？（❸に書いたことをさらに具体化する）
　2）何を発信しますか？
　3）いつ発信しますか？
　4）どのように発信しますか？（新聞・ラジオ・テレビ・インターネット
　　例：新聞に投書，ラジオ番組に投稿，知り合いの中学生や先生に渡して感想をもらう，ブログで発信

各班が実際に行った「社会参加」の活動例と成果物（どちらも一部抜粋）は表 5-3 の通りである。

表 5-3　活動例と成果物

発信内容	発信方法	発信先
いじめを傍観している生徒へメッセージ	新聞	出身小・中・高校
いじめについての保護者，地域住民のチェックリスト	投稿	新聞社
見て見ぬふりをする子ども達へメッセージを送る	ポスター・訪問	円町児童館
いじめに関する周りの大人のあり方について	投稿	新聞社
子どもとコミュニケーションがとれているかチェックリストをつくる（対象：地域）	インターネット・投稿	Facebook,Twitter，新聞社
加害者が勇気を持っていじめをやめるよう，加害者にメッセージを送る	ポスター	出身中・高校，妙心寺系列の寺院
教職員が生徒の変化に早く気づくための資料配布	プリント	出身小・中・高校の先生
担任がいじめに気付くためのチェックリスト作成	チェックリスト	出身小・中・高校の先生
保護者・学生へアンケートを行い，いじめに関する意識調査を行う	アンケートまとめ	地域保護者・学生
いじめに悩む中高生に学級新聞を作成	新聞	出身小・中・高校
「いじめている君へ，いじめられてる君へ」，各々のメッセージを直接伝える	メッセージ集（ポスター）	出身小・中・高校（計9校）に掲示
いじめが起こる原因と背景についてアンケート調査	投稿	新聞社
多忙感に追われる先生のためのすぐにできる教材を考える	学習指導案	出身小・中・高校
いじめの現状や見て見ぬふりをやめたい人のためのアクションリスト	インターネット	ブログ新設
家庭向けのチェックリストを作成	投稿	新聞社

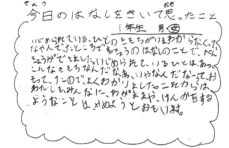
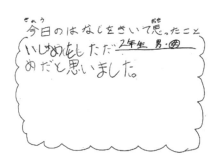
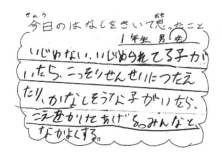

図 5-6　児童が書いた感想

　例えば，図 5-6 は，「いじめはダメだ」というメッセージを大学近くの学童施設へ，児童用に作ったポスターを持って話しに行き，その後，児童に感想を書いてもらったものの一部である。
　図 5-7 のポスターは，加害者が勇気をもっていじめをやめるようメッセージを送ったもので，出身中・高校，妙心寺系列の寺院に掲示を依頼した班の作品である。図 5-8 は，「いじめている君へ，いじめられている君へ」と題し，各々のメッセージを書いたポスターを作成し，出身校に掲示してもらっている様子である。
　図 5-9 は「みんなへのメッセージ新聞」と題して，出身校の後輩に配るために作った新聞で

第 5 章 「対話」と「活動」をくみこんだプロジェクト型アクティブ・ラーニング　93

図 5-7　作成したポスター

図 5-8　出身校での掲示

図 5-9　小学生新聞への投稿

ある．その他，大手新聞社に投稿した班が 9 つ，出身校へ新聞（手紙）を作った班が三つ，ブログや FACEBOOK 等の電子メディアに発信した班が三つ，いじめ問題に関する学習指導案を作成し出身校へ届けた班，教員用チェックリストを作った班，いじめ撲滅を訴えるポスターを作成した班，アンケートをとり地域保護者に配布した班がそれぞれ 1 班だった．

次に，学生が記した記録（最終個人報告書）の一部をとりあげ，「生徒指導の研究」の授業実践がめざしていた「社会参加による成果（社会参加により，いじめ問題に関して具体的成果があったのか）」という観点に絞って，その成果と課題を述べておく．

> 「社会参加」による成果（最終報告書より一部抜粋）
> - グループで考えた内容を子ども達なりに理解してくれたようで，子ども達に直接伝えることができ，小学生の素直な感想をもらえたことは，とてもうれしく，頑張ったかいがあったなと思います。
> - 私は，母校の中学校・高校に（ポスター）掲示を依頼しました。卒業した今，こうして母校と関わって先生方と一緒に学校の環境をよりよくしていくのを実感できて嬉しかったです。
> - 記事を投稿後，たくさんの友人，知人の方からコメントやフォローなどをしていただきました。記事を読んだ方が本文をコピーして，自身が運営されているFacebookのページに貼りつけて拡散してくれたりと，短期間で数えきれない人たちが私たちの記事を目にとめてみてくれたはずです。コメントをいただいた中で，「以前，自分もいじめを受けていたことがあるので，一人でも多くの人に届いてほしいと強く思います」という言葉もあり，授業で取り組んだこの課題を無事発信できて本当に良かったと思いました。
> - （母校の高校へ手紙を送ったことに対して）プラス思考の考えもありましたし，マイナスの意見もありました。でも，自分たちが発信したことで，少しでも生徒たちの考えが変わったということがわかってすごくうれしかったです。発信してよかったです。

　出身校や児童館への訪問，保護者やマスメディア・SNSなどへの発信等の社会参加をやり遂げ，発信先から反応を得たことは，学生にとって大きな喜びであったことがよくわかる。自分たちが作りあげた「いじめ」に関するメッセージを，誰かが受け止めてくれ，いじめの減少に少しでも関わったという自信をもったことだろう。発信先と自分たちの考えをすりあわせ，何らかの行動をする過程で，いじめに対する理解がより深まり，さらなる行動へと意識づけられていった様子が読み取れる。一方で，新聞やSNSへの投稿などの場合，それを見た第三者からのリアクションが必ずしも返ってくるわけではなく，リアクションが得られなかったチームもいくつかあった。できることなら全チームに，自分たちの発信・行動がどう受け止められるのかを達成感とともに実感し，改善点等を考えるきっかけにしてほしかったが，よりリアクションを得られやすい手段を授業に組み込むことなどが今後の「生徒指導の研究」の授業実践の課題と考えられる。

② 2013年度の活動

　2013年度は，「いじめ」をテーマにしたプログラム案（指導案）の開発に取り組む「Ⅲ．構築期」の活動の後に，12年度の反省を活かして「Ⅳ．発信・まとめ期」の活動を実施することとした。

[1]「Ⅲ．構築期」の活動の工夫：構成的ワークシートの活用

　限られた授業回数の中で，白紙の状態からプログラム開発を行うと時間が不足すると判断した。そのため，短い時間の中でも，目的をふまえてしっかりと考えを深め，論理的に考え・アイデアを整理しながらプログラムを開発していけるよう，図5-10のような構成的なワークシート（プログラム開発ワークシート）を活用した。

　このワークシートは，5つの項目（①選択するいじめの場面，②いじめが起こる原因・背景の分析，③いじめを防ぐための方策案，④プログラムのねらい，⑤プログラムのアイデア・イメージ）を記入しながら，論理的に考えを深めていく構造になっている。「①選択する場面」に

第5章 「対話」と「活動」をくみこんだプロジェクト型アクティブ・ラーニング　　95

プログラム開発　ワークシート

チーム名（　　　　　　　　　　：数字　　　　　）

場面選択シート

場面		場面についての説明
A	からかい	Aくんが教室でもよくからかわれている。からかうのは、BCDEFの5人組。Bが直接、手をだすことは少ない。
B	ネット上の悪口	Aさんの悪口、写真をBさんは自分のブログに載せた。
C	「死ね」という手紙	Aさんの机のなかに、手紙が。誰かはわからない。名乗りでてこない。
D	知的障害	Aくんは、特別支援学級にも在籍。一部授業や学級行事などには原学級で参加。冷たい言葉を浴びせられている。
E	暴力・迫害	Aくんは、BCDEFのグループから、叩かれる、金銭を取られる、犯罪行為をさせられるなどの暴力行為、迫害を受けている。しかし、発覚を恐れてだれにも相談していない。

1. 選択する場面

　　記号（A～E）

2. この場面でいじめが起こる原因・背景はなんでしょうか？個人や集団に注目して、原因を深堀りして考えよう。

3. どうすればこのようないじめを防げると思いますか？
　　★2に記入した「原因・背景」を解消したり、防いだりするための方法を具体的に考えよう。

図5-10　構成的ワークシート（1）

4. プログラムの「ねらい(子どもに気付かせたいこと、考えさせたいこと、行動させたいこと等)」を考えよう。
　★3に記入したことの中から、特に重要(解決したい)と思うことを選び、ねらいとしてまとめましょう。

5. プログラムのアイデア・イメージを描こう！
　★4に記入した「ねらい」を達成するためのプログラムのアイデア・イメージをどんどん出しましょう。

4に記入した内容→「プログラム案」のCにまとめましょう。
5に記入した内容→「プログラム案」のDに具体化しましょう。

図 5-10　構成的ワークシート (2)

プログラム案

プログラム名：＿＿＿＿＿＿＿＿＿＿＿＿＿＿＿＿＿＿＿＿＿＿＿＿＿

プログラム開発メンバー（　　　　　　　　　　　　　　　　　　　　　）

A. 想定するいじめの場面

B. プログラム概要
(1) 対象：中学 ・ 高校　（　　）年生
(2) 時限数：（　　　　）時限程度
(3) プログラム概要（プログラムのねらいや内容を、全体像として簡潔にまとめましょう）

C. プログラムのねらい

図 5-10　構成的ワークシート (3)

D. プログラム全体の流れ（※必要に応じて、行数を加減してください。）

	プログラム案
1時間目	
2時間目	
3時間目	

E. 1時間分プログラムの流れ‥‥全（　　　）時間中の（　　　）時間目分

	プログラム案	留意点
導入 （　　）分間		
展開 （　　）分間		
まとめ （　　）分間		

図5-10　構成的ワークシート（4）

ついては,「知的障害をもった生徒に関わるいじめ」など4つの場面から選択するようにした。時間が充分にある場合は,どのようないじめのケースを想定したプログラムにするかについても学生自身が考えるようにするとよいが,場面の検討に時間をかけてしまうことになった場合,肝心のプログラムづくりにかける時間が不足すると非効率である。そのため,今回は,各チームがもっとも関心をもつ場面を選択するようにした。

この場面を前提に,「②いじめが起こる原因・背景」を深堀りして考える。その上で,この背景・原因を解消したり,予防したりするためのアイデアを考えていくのである。この中から,特に重要(解決したい)と思う事項を選び,「④プログラムのねらい」としてまとめる。このようにねらいが定まったところで,「ねらい」を達成するための「⑤プログラムのアイデア・イメージ」を描いていく。この流れで記入した「プログラム開発シート」の項目が,いじめをテーマにしたプログラム案を記入する「プログラム案(指導案)記入シート」と連動するように構成した。

15班程度のチーム数になると,各チームが考えたプログラム内容の論理性の確認や考えの深堀りなど,授業時に一つひとつのチームにきめ細やかにフォローするのが難しくなる。しかし,このような構成的なワークシートを活用することで,一定の論理性と考えの深化を担保することができる。このようなワークシートではフォローしきれない部分(チームワークや考えの行き詰まり等)こそ,担当教員やスタッフが支援すべきことと考え,担当教員が各チームを巡回しながら,支援していった。

チームで開発したプログラム案は,学生一人ひとりが母校でお世話になった先生に連絡をとって見てもらい,「コメントシート」(図5-11左)に良い点や改善点等を記入してもらうというフィードバックを頂いた。どのような意見をもらったか各メンバーがチーム内で共有することで,実際の学校現場で活躍される先生の声をもとに,プログラムをよりよいものへと改善していくことが期待できる。恩師からのフィードバックを頂いた後には,学生は「学校訪問結果記

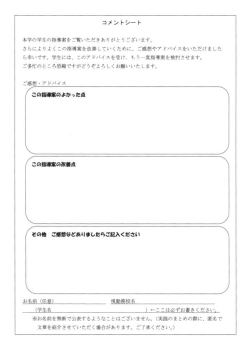 

図5-11　学校訪問結果記入用紙とコメントシート

入用紙」(図5-11右)を記入し，フィードバックをふまえてプログラムをどのように改善するかの内容や感想を記入して改善につなげられるようにした。

　母校の恩師からフィードバックを頂いた学生にとって，実際の学校現場で活躍されている先生の声は非常に説得力をもって響いたようだ。また，自分自身が中学校や高校に在学していたときには意識することのなかった，恩師の思いや配慮を初めて知ることができ，感動したという声が，恩師に会えた喜びの声と共に多く寄せられた。フィードバックをくださった各学生の母校の先生方からは，突然の依頼に戸惑う声も聞かれた一方，久しぶりに成長した教え子と再会する機会ができた喜びの声を多く頂いた。以下に，学生へのアンケート結果の抜粋とともに，一例ずつであるが，「コメントシート」と「学校結果訪問記入用紙」を掲載しておく。

【学生へのアンケート結果】
■設問「恩師に連絡をとり，意見をもらったことは，意味（あるいは効果）があったと思いますか？　あった場合，どんな意味（あるいは効果）があったと思いますか？」への回答（一部抜粋）

●僕たちではあくまで頭でしか考えていない机上の空論といってもいい案でしかないけど，恩師の手でやっと授業案として扱えるものになったと思う。恩師の意見は学ぶ所しかなかった。
●実際の現場で働いている先生の意見を聞けることは，まだ自分たちが経験していないことをたくさん知ってらっしゃるし，どの様にしたら授業が子どもたちにとって分かりやすいものになるか，指導する上で前もって考えておかなければならない大切なことを知ることができた。
●やはり，想像でプログラム案を作成している所もあり，実際にやってみてと言われるとできない部分も発見できた。現場の意見を聞くことができて，よく考えたり改善することができたと思う。
●恩師に意見をもらうという目標により，指導案に取組むメンバーのモチベーションが上がった。そして，恩師に会い，実際に意見をもらう事により，単に大学内の課題というものではなく，実際の現場で使用しているような感覚で取り組めたし，高校時代の生徒と先生という関係ではなく，たくさんきびしい意見ももらったし，一緒になって真剣に考えてもらって，純粋に嬉しかったし，恩師の先生の知らない一面も見れたので，とても勉強になりました。

【恩師による「コメントシート」の記入内容例】
❶よかった点
●場面設定に対し，多方面から考えられる原因・背景・方策が多く挙げられていたこと。
➡「これは違う」と思うことや，可能性が０ではないこと，今後心に留めておく必要があることなど状況によって整理ができるからです。消さずに残して加筆できるようにしておくことも大切。
➡あらゆるケースが想定されており，特に身近な内容がとり上げられていて，家庭生活や社会においておこりうることがリアルに出ていたのがよかったです。

❷改善点
- 中学生は「何故自分だけ」に敏感で不安をあおります。クラスの生徒に面談する名目で、いろいろな事情を聴くというのを入れておくといいと思います。
- 被害者の不安(精神面)を取り除く方法をあげてみましょう。
- グループワークでは、話し合うことを具体的にわかりやすくあげておいた方がいいです。(子どもたちは「何を話すの〜」「わからない〜」と、すぐ言いますから……)

❸その他(感想など)
- 大変重要なテーマについて、学生の皆さんが向き合い、解決に向けて試行錯誤しようということに、現場の教員として頼もしく思いました。
- 中学生の心の動きは複雑です。小学生＋αなのか、高校生に近づいているのか、大人への信頼度はどうなのか、家庭の状況は……など、大きく揺れており、また個人差も激しいです。
- 学生の皆さんが中学生、高校生だったことを、できるだけ詳しく思い出し、心の動きとともに話したり、書き上げていくことも大切だと思います。それは皆さんならではの特権だと思いますよ。これからも是非がんばってください。

【学生による「学校訪問結果記入用紙」の記入例】

❶「先生」から受けた助言の内容
- クラスの生徒をよく観察して、その生徒の実態に見合った授業をすること。
- 教材を徹底的に研究、勉強すること。
- 授業後、生徒と自分自身を評価するので、評価の観点を明確にしておくこと。
- 授業の主人公は教師ではなく生徒である。

ということが、指導案で最も大事であり、意識してプログラム案を作成してみて下さいとアドバイスを受けました。他にも、指導案に直接、色々と書いてくれました。

❷「先生」からの助言を受けて、プログラム案のどこをどのように改良しようと考えるか
- プログラムのねらいは具体的に生徒達が何を理解するべきか、させるべきかを書き、このプログラムを終えた後、生徒達をどのように評価するのかを想定する。(興味・関心は高まったか、積極的に発言できたか、理解は深まったかなど)
- 発問に対する、想定される答えを予想して明確にしておく。
- 教師の発言内容は書かなくてよい。書くとすれば、「先生からの〜という指示をしっかり聞く。」などと書くようにする。
- プログラム案で、あらすじはもう少し少なめにし、見ている間の生徒の様子を予想して書いておく。
- プログラム案の欄は生徒の活動を書く場所であって、教師の活動は最小限にし、留意点に書く。
- 生徒の想定される答えや行動を書いていなかったので、想定される答えを予想して明記する。
- さまざまな状況を想定しておく。

❸「大切な先生」にお会いした感想
　直接会ったのではなく，手紙と共に送ったのですが，指導案には，先生の赤ペンでたくさんの意見が書いてありました。やはり，現役の先生なだけあり，教師の目線で直すべきところがたくさんありました。また，プログラム案とは別に手紙も書いてくれていて，「またご飯食べに行こう」と書いていて，とても嬉しくなりました。
　いつも生徒の目線でいてくれる先生だったので，教師目線で同じ目線になると，やっぱりすごいなと尊敬してしまいます。先生に指導案を送って良かったと思いました。早くご飯行きたいです!!

[2]「Ⅳ．発信・まとめ期」の活動
⑦発表会
　プロジェクト全体の成果を発信し，自らの学びをまとめる「Ⅳ．発信・まとめ期」には，各チームが考えたプログラム案をクラス全体に対して発表する。その際，「恩師からのフィードバックをふまえてどこをどのように改善したのか」についても説明させるようにした。
　各チームの発表を聞く側の学生は，コメントシートに発表内容の良い点や改善点などを書き込み，発表チームに渡すようにした。こうすることで，発表チームに対して「他チームのメンバー」の視点からのフィードバックを行うことができるだけでなく，聞く側の学生にも「発表チームの良い点や改善点を見つけよう」と真剣に発表を聞く様子が見られた。

①学びのリフレクションとして，学外の有識者に手紙を送る活動（手紙を送る活動）
　「生徒指導の研究」の授業実践においては，表5-4のように「読む」「書く」「為す」「話す」といったリフレクションに関わるさまざまな取り組みを行ってきた。このようなリフレクションを通して意図したことは，多様な考えに触れ，自分自身を見つめ直し，一人ひとりの知識や考えを深化させることである。
　こういったリフレクションの集大成となるのが，「生徒指導の研究」の授業実践を通して得た学びや考えを，「読む」で触れた文献の著者（朝日新聞社編集委員　氏岡真弓氏）に対して，自らの言葉にして伝えるという活動である。この活動の成果と課題を考える上で，ある学生がリフレクションとして書いた手紙を紹介したい（図5-12）。
　この手紙には，グループ活動を通して，「相手の気持ちをまずは受け止めること」の大切さに気づいたこと，でも「自分の意見を言うことなく，人の意見に賛同してばかりでもダメ」であると感じたこと，「仲間を信頼し，協力していくこと」の大切さに気づいたことが書かれている。この感想から，授業冒頭に掲げた「協同学習により育てたい力（①主体性・積極性，②共感力，③協同性）」の大切さを実感できていることがわかる。
　また，中学校の恩師に指導案（プログラム案）を添削してもらうという活動を通して，「自分

表5-4　多様なリフレクション

読む	・生徒指導やいじめに関する多様な文献に触れる。
話す	・テーマ（生徒指導，いじめ等）に関する思いや考えを，チーム内で対話する。
書く	・チームで力を合わせ，プログラム案をつくる。 ・各回の授業終了前にワークシートや付せんに記入してふりかえりを行う。
為す	・開発したプログラム案を母校の恩師に連絡をとってフィードバックをもらう。 ・開発したプログラム案をクラス全体で発表する。 ・「読む」で触れた文献の著者に，自らの考えを書いた手紙を送る。

第5章 「対話」と「活動」をくみこんだプロジェクト型アクティブ・ラーニング　　*103*

> 朝日新聞社
> 　　氏岡　真弓　編集委員様
>
> 　私はこの授業でいじめ対する指導案を作成するためにグループで活動していました。グループ活動をするということは相手の気持ちをまずは受け止めることから始まると感じました。受け入れをせずに否定してばかりもダメですし、逆に自分の意見をいうことなく他人の意見に賛同してばかりでもダメだということをこの授業を進めていく中で強く感じました。グループ活動をするということは仲間を信頼し、協力していくことが大切であるし、みんなの思いを一つにまとめていくことが難しかったです。グループで考えを深めていく際には一つの行動にとらわれてものごとを考えたりするのではなく、次の活動につなげるためには、どのような活動をしたらよりスムーズに活動を進められるかを考えながら、お互いに意見を出し合い自分が良いなと感じる意見があったら賛成したり、そこにアレンジを加えたりして指導案を作り上げていきました。決して班員の意見を否定したり、あいづちを打たないで無視するというようなことは一人一人の意見を大切にしながら尊重していたのでありませんでした。実際に中学校の先生方に指導案を添削してもらったところ、いくつかのご指摘をいただきました。そのようなご指摘をいただくことで自分たちの指導案の甘さを感じました。しかし、そこから班員のみんなで授業以外の時間に集まり指導案の訂正を何回も繰り返し、初めのものよりもだいぶ良くすることができました。これも、ひとりではできなかったことなので仲間がいてこそ、いろいろな意見を出し合って自分では考えられなかったような案を取り入れてこの班オリジナルの指導案ができたのだと活動を終えて感じました。氏岡さんの記事の中にも仲良しグループというキーワードが出てきていましたが、自殺した子がいたグループの友達はその子自身の気持ちや状況を分かろうともせずに、亡くなった子がすべて悪いというような言い方をしていましたが、この子たちはもしも自分たちが亡くなった子と同じ境遇にいたらどうしているのだろうか。と強く思いました。人間なんてみんな同じ人なんてこの世の中に存在しないですし、学校側だっていじめの事実を把握していないはずがないと私はおもいます。ただ単に学校の名が穢れるから評判が悪くなるからといった単純な理由で幼いひとりの子の命が奪われてしまってはいけないし、そんなふうになってしまったことを許してしまうこの世の中にも問題があると感じました。いじめと向き合うことは自分と向き合うことにもなるのではないかと授業や氏岡さんの記事を通して思いました。

図5-12　学生による氏岡編集委員への手紙

達の指導案の甘さ」を感じ、それをきっかけに、授業外の時間に何度も集まり「指導案の訂正を何回も繰り返し、初めのものよりもだいぶ良くすること」ができたことが記されている。このようにできたのも、「ひとりではできなかったこと」で、「仲間」がいたからこそであるとし、「いろいろな意見を出し合って自分では考えられなかったような案」を取り入れることができたと書かれている。こういった記述内容を見ると、教室と実社会をつないだことの意図が、しっかり効果をあらわしていることがわかる。

　そして手紙の後半には、いじめや記事に対する自分の考えが記され、最後には、いじめで奪われた命についての考えとして「そんなふうになってしまったことを許してしまうこの世の中にも問題がある」と社会への問題提起がなされ、「いじめと向き合うことは自分と向き合うことにもなるのではないか」という、一連の学びをふまえた自らの考えで締めくくられている。

　この学生の記した手紙の内容をふまえると、グループ内での対話を通して、対話を進める上での大切なポイントに気づき、新しい考えに触れ、学びを深化させることができたことが確認できる。また、最後には一連の学びをふまえて自分なりの考えをまとめ、自らの行動や提案につなげようとしている様子が見られる。この様子は、「生徒指導の研究」のビジョンである、一人ひとりの主体性と相互作用を核に「互いを認め合いつつ、知を構築していく」チームに通じるものであり、「よりよい社会を創造するために」考え抜き、行動にうつすことできる（相手の立場に立って、だれもが困らない社会のあり方を考え抜き、仲間とともに行動できる）人間を育むというミッション、つまりシティズンシップの涵養にも効果があったと考える。なお、13年度の成果と課題については、次節に詳述する。

5-4 実践の分析からみるアクティブ・ラーニングの成果と課題

①アンケート結果とその分析

それでは，学生による 2013 年度の講座開始前の事前アンケートと授業終了後の事後アンケート結果の分析を通して，「対話」と「活動」を組み込んだプロジェクト型アクティブ・ラーニングが，学生にどのような力をつけたのか，そして，さらにどのような改善が必要なのかを明らかにし，今後のアクティブ・ラーニングの推進の一助としたい。ただし，事後アンケートは，講義終了後に任意提出としたため，全員提出とはいかず，学生の変化の分析としては厳密なものにはならなかったことをお断りしておく。以下に，アンケート結果を示す（資料 5-1）。

資料 5-1 「生活指導の研究」アンケート結果まとめ

ここでの「グループ学習」とは課題解決や目標達成のために，チームで協力して取り組む学習活動（目安として合計3時間以上）を指します。

〈この授業を受けるまで〉

1. 大学入学時までに，どれくらいグループ学習をしたことがありますか？
 [a. 0 回（したことがない）　b. 1～4 回　c. 5～9 回　d. 10 回以上]

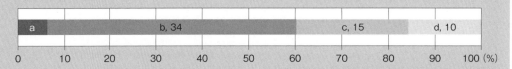

2. グループ活動の中で，あなたの考えが，メンバーの考えに影響を受けて，深まったことがありましたか？
 [a. とてもそう思う　b. まあそう思う　c. あまりそう思わない　d. まったくそう思わない]

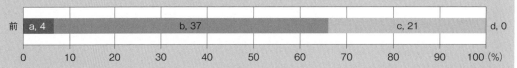

3. グループ学習は好きですか？　嫌いですか？
 [a. とても好き　b. どちらかと言えば好き　c. どちらでもない　d. どちらかというと嫌い　e. とても嫌い　f. 未経験]

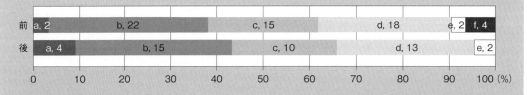

〈授業を受けてみて〉

4. グループ学習は成功しましたか？　失敗しましたか？
 [a. 大成功　b. どちらかというと成功　c. どちらでもない　d. どちらかというと失敗　e. 大失敗　f. 未経験]

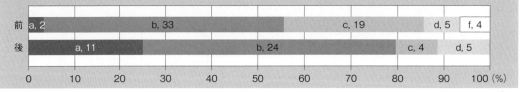

〈グループ活動を行う上での，各自の状態について〉

[a. とてもそう思う　b. まあそう思う　c. あまりそう思わない　d. まったくそう思わない]

5. グループ活動の中で，自分の考えを言うなど，主体的・積極的に発言することができますか？

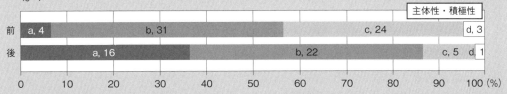

6. グループ活動の中で，相手の思いや考えをしっかり受け止めることができますか？

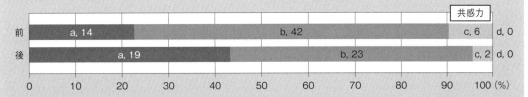

7. 課題解決や目標達成のために，メンバーと助け合いながら協力することができますか？

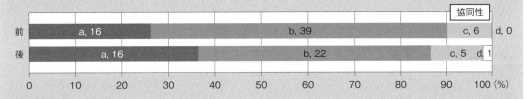

〈授業の目標達成・効果について〉

8. この授業の目標（下記参照）について，自分自身はどの程度，達成できたと思いますか？
   (1) 「いじめに関する学習」の計画（プロジェクト）を作成し，「いじめが起こらない学級集団づくり・教職員集団づくり」についての考えを深めよう。
   (2) シティズンシップ（市民性）を高めるとともに，協同学習の指導法を学ぼう。
       ※シティズンシップ＝「対話による知」＋「現実社会への参加」（本授業では，このように定義）

[a. 十分にできた　b. まだまだであった　c. 不十分だった]

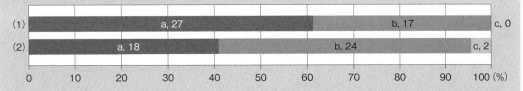

9. 恩師に連絡をとり，意見をもらったことは，意味（あるいは効果）があったと思いますか？　あった場合，どんな意味（あるいは効果）があったと思いますか？

〈これからについて思うこと〉
[a. とてもそう思う b. まあそう思う c. どちらでもない d. あまりそう思わない e. まったくそう思わない]

10. 他の授業も，グループ学習の形式で受けてみたいと思いますか？

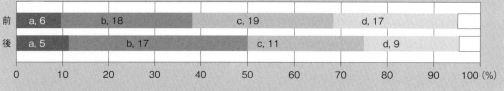

11. 教員になったとき，グループ学習をしていこうと思っていますか？

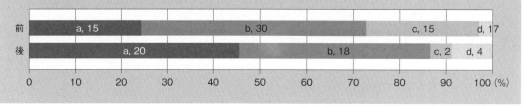

では，このアンケート結果から読み取れることをみていこう。

[1] グループ学習は成功しましたか？ 失敗しましたか？

　まず，グループ学習を大学入学以前に「たくさん経験した（10回以上）」と感じている学生は，15％に過ぎず（アンケート1），全受講生の中で，今までに，「グループ学習が成功した」というイメージをもっている者は半数強に過ぎないという結果であった（アンケート4）。ところが，「生徒指導の研究」の授業実践の後，グループ学習を「大成功」「どちらかといえば成功」と捉えた学生が約8割にのぼった（アンケート4）ことは，この授業における学習の進め方〈プロジェクト型アクティブ・ラーニング〉がかなり効果的であったと評価できるだろう。

[2] 「①主体性・積極性」「②共感力」「③協同性」は身についたか？

　さて，それでは，学生が，どのような点に達成感を感じているのか，「グループ活動の中で，①主体性・積極性，②共感力，③協同性が身についたか（アンケート5～7）」を問う設問を通してみてみよう。この3設問ともに，もっともポジティブな「とてもそう思う」と回答した学生の比率の伸びが顕著に見られた。中でももっとも伸びが見られたのは，「主体性・積極性（アンケート5）」の項目で，授業実施前と比べてその割合が30％も増えている。このことは，やはり，「出会い期」・「交流期」の設定が功を奏したのではないかと思われる。初めは，慣れないグループ学習に困惑ぎみであった学生たちは，徐々にペースをつかみ，中盤以降は素晴らしい学修姿勢となっていった。全15グループが，それぞれ夢中になって話し込んでいる姿は壮観で，講義型とは比べ物にならないくらいの熱心な参加度であったと自負している。しかしそうなるためには，講義開始直後の不安そうな学生に対して，「生徒指導の研究」の授業目的と意義を繰り返し確認し，励ますことが必要であった。この点において，開講当初のグループワークを担当した角野は，学生の発言や動きを細かくみつめ，うまく褒め，あたたかいトーンをつくっており，これから教員を目指す学生にとっても，今後，教員となるにあたって求められるコーディネイターとしての一つのあり方をイメージさせたのではないだろうか。

ところで，学生が伸長したと捉えている三つの項目（①主体性・積極性，②共感力，③協同性）のうち，伸びが最も低かったのは，「協同性（アンケート7）」の項目であった。「とてもそう思う」という最もポジティブな回答者は約10%の増加にとどまり，「とてもそう思う」「まあそう思う」との肯定的な回答者の合計の比率は微減傾向が見られた。「協同性」の伸長に対する自己評価は，自分自身の決意次第で高めやすい「主体性・積極性」に比べ，グループ学習の充実度や完成度に影響を受けるので，この結果は，細やかな学修支援がもっと必要であったと分析できるのではないか。この課題ついての筆者の見解は，後にあらためて記すことにする。

[3] 授業の目標達成・効果は？

次に，「生徒指導の研究」の教授目標がねらいどおり実現できたのか，学生の評価を見ておこう。アンケート8・9の設問に際して，「不十分」だったと回答した学生が皆無であったことは，多くの学生が，「生徒指導の研究」の目標を理解し，それを習得したと感じている証左であろう。

しかしながら，「まだまだであった」と評価している学生も相当数を数えていることを率直に反省したい。その原因については，担当教員の力量不足な点はもちろんなのだが，それ以外に思うところを二つ述べてみよう。

⑦正解信仰

一つは，学生の「正解信仰」である。教員経験がない学生が，「いじめ問題に関する指導案」を作るという作業は相当に困難で，悩みに悩んだことだろう。真剣に取り組めば取り組むほどそのたいへんさゆえ，学生は，「まだまだもっとよい方法がありそうだ。模範解答は何なのかを早く教えてほしい」と感じていたふしがある。しかし，正解は，自分たちで紡ぎあげるよりほかない。適正な課題設定は当然だが，アクティブ・ラーニングによる学びで，学生の（小さいころから身につけてしまった）学び観の転換を促し，正解信仰をいかに打破できるかが問われている。

⑦各グループへ学修支援の困難さ

二つは，「アンケート7（協同性）」の分析と重なるが，やはり，アクティブ・ラーニングの，各グループへ学修支援を充分に行うことの「困難さ」なのだろう。アクティブ・ラーニングにおいて，それぞれのグループへの支援をどう充実させるかという課題が，やはり現出してくるのである。今後，アクティブ・ラーニングのさらなる推進に向けて，人的条件や物的条件などの外部要因の拡充も必要で，学内論議を早急に進めていくべきだろう。アクティブ・ラーニングを先駆的に実践している教職員がこぞって，その充実のために学内で声をあげるべきである。が，外部要因の改革だけでは，授業の改善はありえない。学習内容の適切な提示とともに本書で模索しているような学びの質の向上を図る教育方法の開発が求められている。なお，アンケート10の結果を見る限り，教職を目指す学生に，この授業を通じてアクティブ・ラーニングの指導法をも体得してほしいという私たちの想いは，通じたようである。

おしまいに，「生徒指導の研究」の授業実践での，グループワークに関する自由記述のうち，一部を次頁の【資料5-2】に抜粋しておく。

資料 5-2 事後アンケートへの記述内容（一部抜粋）

○グループワークには，普通の授業では起こり得ないダイナミクスを感じます。
○グループワークは中々前に進まず大変でしたが，その中で色々な考え，意見が生まれ，とても有意義な授業になりました。
○グループで考えることにより，グループの仲も深まって，良い考えがでたりして良かった。いじめについて今まで以上に深く考えることができた。
○最初，全く知らない人どうしの中で半年間も大丈夫なのかという不安でいっぱいでした。しかし，みんな自分の意見をしっかりもち，話し合いもスムーズにでき，終わってみれば，とてもいいグループになっていました。いじめについて真剣に考えることができ，とてもいい経験になりました。
○最初はすごく嫌でした。本当に嫌でした。でも 15 回終えて感じた事は，教職を目指す責任感をもてた事です。職についてから責任感をもつこともあると思いましたが，いじめをテーマに考えていった時に，今からさまざまな視点で考えないと，現場で通用しないと思いました。楽しかったです。
○「成績の為の勉強ではなく，社会や実際に自分が働き出してからの為に勉強するのだ」というような言葉がとても嬉しく印象に残りました。他の授業ではどうしても試験の事ばかり，意識してしまっていて，終わると頭の中からすぐに知識がなくなってしまうような感覚ですが，この授業は，体の中に染み付くような感覚があるし，印象の残る事などは無意識に覚えているし，考え方の部分から指導していただきました。
○この授業で本当にたくさんの考え方を学ぶことができました。大変なことも多かったけど，みんなで協力してとてもいいものができたと思う。

②アクティブ・ラーニング推進のための今後の課題

　総じて，私たちは，このデータの分析，それに加えて，毎授業の手ごたえ，学生との直接会話，そして，レポートの意見などから，「生徒指導の研究」の授業実践はかなりの成果があったと評価している。しかし，「アンケート 7，8，9」の分析で述べたように，対話の質（より高いレベルでの学習課題の追求）をより高めるためには，どのような学修支援を行えばよいのかというアクティブ・ラーニング実践における根本的な課題の大きさをあらためて実感させられている。本章を閉じるにあたって，現時点での考えを述べておきたい。

[1] 外部環境要因の拡充：授業充実のために

　まず，アクティブ・ラーニングが進展する可能性が広まる外部環境要因の拡充について簡単にふれておこう。もちろん，これらの拡充は全学的な取り組みとする必要がある[2]。

㋐ TA/SA 制度の活用

　アクティブ・ラーニングでは，各グループへの助言がどうしても必要になるので，指導者や協力者が複数人いることが望ましい。そこで，TA/SA の積極的な活用も行いたい。ただ，予算面などでも限界がありうるし，TA/SA との打ち合わせの時間確保も課題になってくる。

㋑ 教室環境の整備

　固定机・椅子の教室でなく，アクティブ・ラーニングにふさわしい，円卓式の机・椅子，ホワイトボードなどが備えられ，壁面も有効利用できるような形態の教室整備が求められる。さらに言えば，パソコンやプロジェクターも常備され，全体発表やポスターセッション，ワール

---

[2] 全学的な取り組み例は，河合塾（2013），などが詳しい。

ドカフェ等がスムーズに実施できるようなラーニング・コモンズ[3]の設置が理想である。

㋒授業時間の枠組みの検討

　アクティブ・ラーニングが成功するかどうかの決定的な条件は、「活動」の内容である。さらに、その「活動」は、現実社会へ開かれることが望ましい。しかしながら、大学の授業の枠組みは、「90分」に限られており、その時間内での「活動」には、どうしても限界が生じる。そこで、12年度は、授業時間外の学生の自主的な活動に委ねた。13年度は、学生の高校時代までの恩師に多大な労力をおかけした。2コマ続きにする、あるいは集中講義形式にするなど授業そのものの枠組みを検討する必要もあるだろう。

[2] 授業の充実：「ふりかえり」に着目

　[1] の拡充は、アクティブ・ラーニング推進の強力な援軍にはなるが、それだけでは、授業の質が向上することはない。教員の授業の充実に向けた取り組みが欠かせない。今までの議論から明らかになった課題は、グループ活動時、各グループにいかに効果的な支援が、現状の体制でもより豊かにできるかということであった。それには、本書第2章で記されているような、なんらかの授業時間外での細やかな指導も必要になるのだろう。授業時間外の丁寧な指導は、教員側の負担も大きいが、可能な範囲で方策を探っていくべきであろう。

　しかし、肝心の研究されるべきことは、もちろん授業時間内での改善、つまり知の構築のあり方である。グループへ学習内容のアドバイスを充実させる工夫も必要だが、どうしてもそれには限界がある。そこで、学生自身が、より学ぶ目的や道筋を明確に理解し、学修に積極的に臨める手立てが必要になる。グループでの学びをより豊かにできるよう体系だった指導法の開発が求められているのである。その有力な試みとして、西岡加名恵は、（グループでの学習に限定していないが）ルーブリックを策定し評価基準を定め、ポートフォリオなども用いて、質の高いパフォーマンス課題を設定し学修を進めていくというアプローチを提唱している。教授目標と評価基準を明確にしてから、学習指導を計画するという、いわゆる「逆向き設計」の授業づくりである[4]。指導者が授業での「「本質的な問い」を明確にしたうえで、その問いが問われるような状況設定をするとよい」と西岡（2013b）が述べるように、学生は、練り上げられた本質的な学習課題と評価基準を明確に示されることで、学修のゴールへと積極的に進んでいきやすくなるのだろう。

　なるほど、西岡の理論には学ぶべき点が多であるのだが、さらに、筆者は、授業の充実のために効力のあるアプローチとして、授業終了直前に行う「ふりかえり」に着目している。つまり、「ふりかえり」を授業のゴールとして明確に位置づけ、そのゴールに向けて授業を構成していくという方法である。この着想は、13年度の「ふりかえり」の実践の反省から得た。毎時の「ふりかえり」を、その時間の教授目標に照らして効果的に行うことで、学生の学修効果が向上するのではないかという仮説である。この「ふりかえり」の充実こそで、グループ間での対話を交わす能力が高まり、自分たちで築く知の喜びを知り、学修の協同が進んでいくと考えてい

---

3) ラーニング・コモンズとは、文科省（2010）の用語解説では、「複数の学生が集まって、電子情報も印刷物も含めた様々な情報資源から得られる情報を用いて議論を進めていく学習スタイルを可能にする「場」を提供するもの。その際、コンピュータ設備や印刷物を提供するだけでなく、それらを使った学生の自学自習を支援する図書館職員によるサービスも提供する。」と説明されている。
4) 西岡（2008）、ウィギンズ・マクタイ（2012）、西岡加名恵他（2013a）などを参照のこと。

る。そこで，次年度は，「ふりかえり」法の分類・整理を行い，教授目標の段階（例えば，「主体性」「協同性」「グループ討議」「活動」／「教科内容の本質的な理解」）に対応した，「書く」・「話す」・「為す」といった行為別の「ふりかえり」方法を考案し，毎時間の「ふりかえり」方法を体系づけ，それが学生の成長にどう寄与したのかを検証してみたいと考えている。その結果は，また別の機会に報告したい。

　以上のような課題を踏まえ，より効果的なアクティブ・ラーニングを目指し，2014年秋，3度目の実践にチャレンジする。

【付　記】
中（2015）では，「生徒指導の研究」の授業実践を，D.Kolbの「体験学習理論」に学んで，整理・分析し，「体験学習理論」からみた今後の課題を述べている。併せて参照されたい。

【引用・参考文献】
ウィギンズ, G.・マクタイ, J.／西岡加名恵［訳］（2012）．理解をもたらすカリキュラム設計—「逆向き設計」の理論と方法　日本標準
河合塾（2013）．「深い学び」につながるアクティブ・ラーニング　東信堂
中　善則（2014）．教職課程におけるシティズンシップ教育の研究実践—対話・参加を鍵とした『生徒指導の研究』におけるプロジェクト学習　花園大学文学部研究紀要 **46**
中　善則（印刷中）．対話・活動を鍵としたシティズンシップ教育の研究実践—「生徒指導の研究」におけるプロジェクト型アクティブ・ラーニング　花園大学文学部研究紀要 **47**
西岡加名恵［編著］（2008）．「逆向き設計」で確かな学力を保障する　明治図書
西岡加名恵（2013）．パフォーマンス課題を作ってみよう　西岡加名恵・石井英真　教職実践演習ワークブック—ポートフォリオで教師力アップ　ミネルヴァ書房　85頁
西岡加名恵・石井英真・川地亜弥子・北原琢也（2013）．教職実践演習ワークブック—ポートフォリオで教師力アップ　ミネルヴァ書房
文科省（2010）大学図書館の整備について（審議のまとめ）—変革する大学にあって求められる大学図書館像（平成22年12月　科学技術・学術審議会　学術分科会　研究環境基盤部会　学術情報基盤作業部会）

【プロジェクト型アクティブ・ラーニングのポイント（要約）】

ここでは，2013年度の事例をもとに，「対話」と「活動」を組み込んだプロジェクト型アクティブ・ラーニングのポイントをまとめる。

[スケジュール（2013年度後期の事例）]

段階	概要	Point
Ⅰ 出会い期	●授業の目標と流れの確認 ●チームのメンバーが互いを知り合う（自己紹介等） ●協同学習の練習（発想ゲーム等）	対話ができる集団をつくるための ①チームビルディング ②アイスブレイク
Ⅱ 交流期	●生徒指導やいじめ問題についての要点をおさえ，考えを深める（「いじめ問題」についての事例研究，ロールプレー等） ●プログラム開発（いじめに関する指導案づくり）を行う	●対話による知の構築をめざした，事例研究・ロールプレー
Ⅲ 構築期	●プログラムを完成させる ●**活動① 母校の恩師から，プログラムに対するフィードバックをもらう** ●フィードバックをふまえてプログラムを改善する	①構成的ワークシートの活用 ②母校の恩師からフィードバックをもらう活動
Ⅳ 発信・まとめ期	●プログラム案を発表する ●他チームからのフィードバックをふまえて，プログラムを改善する ●**活動② 学外の有識者へ手紙を送る** ●本授業に関するまとめ，ふりかえりを行う	①成果発表 ②学外の有識者に手紙を送る活動

全期間を通してのPointは「ふりかえり」

Ⅰ 出会い期

◉対話ができる集団をつくるためのポイントとして次の2点をあげる。

❶チームビルディング　　1チームあたりの最適人数は4〜5名。敢えてリーダーは決めず，毎回，グループ内で様々な役割を交代していくことで一人ひとりの主体性を育む。

❷アイスブレイク　　自己紹介や発想ゲームを通して，グループワークの練習を行うと共に，授業全体を通して大切にしたい「発想」の習慣（否定しない等）やグループワークのルールの浸透をめざす。

Ⅱ 交流期

◉対話による知の構築をめざした，事例研究・ロールプレイ
●授業のテーマ・課題に関する根幹となる考え方や基礎的知識をおさえ，仲間との対話を通した相

互作用によって知を構築していくための事例研究を行う。また，あるいじめのシチュエーションを例に，いじめに関わる様々な立場（当事者，被害者など）の人の気持ちを体感し，その原因や背景等について考察を深めるためのロールプレイを行う。ロールプレイ終了後に，「はじめに一人で考えた時」と「グループで考えた時」とで，どんな変化があったかを考えさせることで，仲間との対話による知の深まりを実感することができる。

Ⅲ 構築期

❶構成的ワークシートの活用　限られた時間内で，目的をふまえてしっかりと考えを深め，論理的に考え，アイデアを整理しながらプログラムを開発していけるよう構成的なワークシート（プログラム開発ワークシート）を活用する。
❷母校の恩師からフィードバックをもらう活動　開発したプログラム案を，メンバー一人ひとりがお世話になった母校の先生に連絡をとって見てもらい，良い点や改善点等のフィードバックを頂き，よりよいプログラム開発につなげる活動を行う。プログラム開発後にこのような活動があることは，学生にとって大きなモチベーションとなる。実際の学校現場で活躍されている先生の声は，学生にとって非常に説得力があった。

Ⅳ．発信・まとめ期

❶成果発表会　各チームが考えたプログラム案をクラス全体に発表することで，これまでの学びをまとめるとともに，他チームから良い点や改善点などのフィードバックを得ることができる。
❷学外の有識者に手紙を送る活動　本授業を通して得た学びや考えについて，自らの言葉にして伝えるというリフレクションの集大成として，学外の有識者（新聞編集委員）に対して手紙を書く。この活動を通して，一連の学びをふまえての自分なりの考えをまとめるとともに，自らの行動や提案につなげようとする様子が見られた。

全期間を通して

◉ふりかえり
❶ふりかえりの観点　目的に向かって進めているか，また課題等を確認し改善すると共に，「知の構築」を確認する場として，毎回の授業終了前にふりかえりを行う。ふりかえりの観点は，「（本授業を通して）育成したい３つの力（①主体性・積極性，②共感力，③協同性）」，「チームの目標」，「成果目標（授業時間内にどのような成果をめざすか）」の３点とし，各回の到達目標に対しての達成度を記入し，その原因を分析することで，次回に向けての改善につなげられるようにする。
❷仲間とのメッセージの交換　チームの仲間一人ひとりに対してのメッセージ（その人の言動で素晴らしかったこと，もっとこうしてほしいと思うことなど）を付せんに書いて交換することで，口に出してなかなか言えない感謝の気持ちや改善してほしいという要望なども伝えられるようにし，気持ちの面でも一丸となって改善を重ねながら取り組みを進められるようにする。

おわりに

　PBL（Problem/Project Based Learning），LC（Learning Commons），ICT（Information and Communication Technology），MOOC（Massive Open Online Course），LTD（Learning Through Discussion），Rublicなど，大学教育に携わる中でこのところこうした横文字を頻繁に聞くようになった。アクティブ・ラーニング（Active Learning）もその中の一つに位置づけられ，本書はこうした流れの中で企画され，まとめられたものであるが，これらは学生の多様化を背景に従来の一方通行の講義では十分な学習効果が望めなくなったことの反映なのであろうか。あるいは，こうした学習法を取り入れることによってこれまで以上の学習効果が期待できるというのであろうか。

　たとえば最近，学習定着率について「講義を聞いただけでは5％しか覚えていないが，討論すれば50％，体験すれば75％覚えている」などとする，いわゆる「学習のピラミッド」モデルが流行している。これらの数字にあまり根拠がないことは広く知られているが，授業内で学生同士が教え合ったり話し合ったりする仕組みを取り入れると，学習へのモチベーションや学習定着率が上がることは経験的にも確かめられている。

　しかしながら，たとえば学生がディスカッションやグループワークに受動的に参加しているようであれば，それをアクティブ・ラーニングとは呼べないように思われる。逆に，たとえ一方通行の講義であっても，教員が学生に適切な問いかけをすることで学生が主体的に思考をめぐらすことができれば，それはアクティブ・ラーニングといってもよいのではないだろうか。

　ずいぶん前の話だが，ある中学校の研究授業を見学する機会があった。他校の教員も多く参加していて，生徒は相当に緊張し，教室は静まりかえっていた。しかし，この授業はあとの研究会で，「一人ひとりの生徒が積極的に学習に参加していて素晴らしかった」と絶賛されたのである。授業では生徒に何らかの課題が与えられていたわけでもグループワークをしていたわけでもない。教師が絶妙のタイミングで生徒に問いかけ，生徒は主体的（アクティブ）に一生懸命に思考をめぐらしていたのである。

　そう考えると，ことさら特別な設備や人的支援がなくてもアクティブ・ラーニングは可能であるし，実際多くの教員が授業にアクティブ・ラーニングを取り入れているものと思われる。とはいえ，その方法はさまざまで，統一されたものがあるわけではない。そういった意味では，本書で紹介されている取り組みや技法はそのごく一部といってもいいだろう。

　ところで，どんなにすばらしい技法も万能ではない。たとえば，グループワークには少なからず自己開示が必要となるが，中にはさまざまな理由で自分のプライバシーを守りたい，あるいは守る必要のある学生がいる。そこで，学生には参加を拒否する権利を与える必要性が生じる。ただし，そのまま要求を受け入れるのではなく，必ず共感的に気持ちを聴いた上で，どうすべきかを一緒に考える姿勢が重要となる。場合によっては記録係などを依頼することでグループワークへの参加が可能になることもある。

　また，学生の主体性が重要だとはいえ，それにまかせて放置しているだけではうまくいかない。たとえば私語などで授業を妨害するような学生がいれば何らかの介入をする必要があるし，うまく全体をファシリテートすることで効果的な学習成果が得られることは言うまでもない。

さらに，アクティブ・ラーニングは繰り返し実施することで効果が発揮されるが，中には「またか」と思う学生もいるだろう。その際は，小さな変化や演出を加えることで，モチベーションを高めることができる。たとえば，場所や時間，あるいは順序を変えるだけでも新鮮な気持ちで取り組むことができるだろう。

　近年，大学教育にもPDCAサイクルの視点が取り入れられるとともに，盛んにFD研修の機会が設けられるようになった。もちろん，個別に学会のワークショップなどに参加することはできるが，できれば全教員が研修を受けることができるようなシステムを導入することで，アクティブ・ラーニングがより広く普及するものと思われる。

　以上，アクティブ・ラーニングは教育場面のあらゆる場面に応用することができる素晴らしい技法であり，これに異論を唱える人は少ないだろう。しかし，今後アクティブ・ラーニングがより一層活発にカリキュラムに取り入れられるためには，さらにさまざまな工夫をしていく必要がある。本書はその一端を担うことができる格好のテキストであると同時に，アクティブ・ラーニングの発展へのヒントになると確信している。

丹治 光浩

事項索引

ア行
ICT　34, 113
アイスブレイク　17, 31, 87, 111
アクティブ・ラーニング　i, 1, 4, 5, 11, 29, 77, 79, 113, 114
　　──の意義　2
　　──の定義　1, 5
アクティブ・ラーニング実践の4つのステップ　82
アシスタント　39, 75, 76
　　→ティーチング・アシスタント
あたたかい関係づくり　86
アドバイス　76
アドバイザー　73, 74, 76
アポイントメント　73
荒らし　38
アンケート結果　104

意思決定　83
インストラクション　17
インターアクション　17
インターンシップ　53

SA　108
SNS　7, 19, 21, 27, 28, 31, 44, 45
　　学外──　22
　　学内──　22
FD　47
LC　113
LTD　113

王国の話　42, 43
教えない授業　74
大人　51

カ行
開発対象　64
学外SNS　22
学習定着率　113
学習のピラミッド　113
学生　74
　　──の声　65
　　──の主体性　74
　　──の評価　45, 107
　　──とのコラボ　56
学生FDサミット　36
学内SNS　22
課題解決型プロジェクト　73, 76
課題把握　83

課題分析　83
学校訪問結果記入用紙　99, 100, 101
活動　79
活動報告書　69
紙を用いたリフレクション　19, 27, 31
関係づくり　25

企画・提案　51
企画の開発　51
企業選びの基準　70
「起業研究」　51, 59, 65, 73, 74, 77
企業内研修　57
企業の声　66
企業を探す方法　70
聴く姿勢　74
技能の上達　23
キャリア・カウンセラー　76
教育観　2
教員　72
　　──の介入　19
共感力　85
教室環境　108
教職協働　ii, 76
協同性　85
教堂の祈り　4
今日の一言　26
教養科目　15
距離の近さ　16

Google　42, 43
Googleドライブ　37, 38
グループ　80
　　──間の協同　91
グループ学習　106
グループリーダー　76
グループワーク　22, 31, 82

携帯電話　21
KPTシート　67
構成的ワークシート（プログラム開発ワークシート）　94-98, 112
構築期　81, 83, 111, 112
交流期　81, 84, 111
コーチ　59
コーディネーター　57, 58, 59, 62, 79

ゴール　84, 85
黒板　46
己事究明　4, 13
答え　76
固定観念　55
コミュニケーション　12
コミュニケーション・カード　35, 42
コメントシート　13, 99, 100

サ行
最終プレゼンテーション　52, 63, 71
サイボウズ　13
サポーター　74

gmail　21
事後アンケート　108
自己開示　113
自己規定　12
自己紹介　87
実現可能性　63
質的転換　1
質問対応力　63
シティズンシップ　103
市民　33
市民性の育成　4
事務サポート　76
事務職員　76
社会　33
社会参加　94
社会人基礎力　60, 64
就職課　73, 76
授業時間の枠組み　109
主体性（・積極性）　55, 85
小休憩時間　18
商品企画　53, 54
情報収集力　63
「情報と社会」　33, 34, 37, 39, 44, 47
「職業学入門」　73
シラバス　79
審査基準　63
新自由主義型の教育観　3

図と地　14
スポーツ　13
スマートフォン　21, 43
スライド　46

正解信仰　107
成果発表会　112
正義　35
「生徒指導の研究」　79, 80, 81, 93, 94, 102, 103
設計段階　57
専門科目　15

総合評価　63

タ行
「体育実技Ⅵ」　13, 16, 17
大学職員　58, 76, 77
　　――との連携　57
　　――の役割　73
大福帳　13, 19, 21
大福ノート　20, 21, 26
対話　6, 11, 12, 16, 22, 79, 82, 84
　　他者との――　5, 12
達成感　106
楽しさ　23
ダメ出し　62

チーム　51, 53
チームビルディング　71, 85, 110
チーム編成　86
チーム分け　61
知識　52
着眼点　63
チャットアプリ　27
中間発表　62
中間プレゼン　71
中間レポート　27

Twitter　36, 38, 41
つぶやき　41, 46
つぶやき授業　7, 29, 33, 36, 39, 40, 47
　　――に対する評価　47
　　――のシステム　38
つぶやき表示のイメージ　40
つぶやきフォーム　37

出会い期　81, 84, 111
提案・参加　83
ティーチャー　59
ティーチング・アシスト（TA）　35, 108

ティーム・ビルディング　6
手紙　102, 112
テロリズム　34

動機付け　71
答申　i, 1
読書会　45
トラブル　77

ナ行
仲間　112
ナナメの関係　58

ニーズ調査シート　68
ニコニコ生放送　38, 39, 40

ノートテイク　20, 21

ハ行
パーソナライゼーション　42
パートナー　17, 18, 24, 25, 58, 59, 76
発信・まとめ期　81, 111, 112
発想ゲーム　87
　　――のテーマ　88
花園大学　73
花園大学アクティブ・ラーニング研究会　i
班　82

PBL　51, 52, 53, 58, 113
PDCAサイクル　113
ビジョン　85
備品調達　77
評価　22

フィードバック　62, 63, 112
フィールドワーク　62
複数の教員体制　79
振り返り　63, 64
ふりかえり　22, 84, 85, 90, 109, 112
ふりかえりシート　90
プリント　46
プロジェクト学習　7, 8
プロジェクト学修の4段階　83
プロジェクト型アクティブ・ラーニング　80
プロジェクト型授業　ii, 7

ペアの組み方　24
ペアワーク　22

ポイント　110
ホワイトボード　46
本気度　55

マ行
マネジメント　17
「マンガ研究入門」　13, 14, 16, 19, 21, 26, 28
「マンガの現在」　14, 27
「マンガ論」　13, 14

ミッション　85
認印（スタンプ）　26
民主主義　34, 37

MOOC　113

メール　21, 26, 27, 28, 31
メディア　63
メンター　74

モニタリング　17

ヤ‐ラ行
役割ローテーション　86

要約レジュメ　45

ラーニング・コモンズ　109
ラーニング・ピラミッド　36

リーダー　61
リーダーシップ　62
リフレクション　7, 11, 12, 13, 15, 31, 84, 102
　　――の手法　29

Rublic　113

レポート　45, 64

ロールプレイ　89
論理性　63

人名索引

ア行

会沢信彦　*12*
東　浩紀　*42*

生田孝至　*13*
板橋クリストファーマリオ　*13*

ウィギンズ, G.　*109*

オーウェル, G.　*42*
岡本　真　*36, 41*
織田揮準　*19*

カ行

角野綾子　*79*
唐木清志　*7*
川瀬基寛　*36*

楠見　孝　*12*

向後千春　*19, 21*

サ行

佐伯　胖　*5, 6*
佐藤勝弘　*13*
サンデル, M.　*35*

白田秀彰　*42*

杉原真晃　*11*

タ行

高橋一栄　*13*
武田明典　*12*

ナ行

中　善則　*4, 79, 109, 110*

西岡加名恵　*109*
西澤直美　*73*
西田順一　*25*
西原康行　*13*

野田光太郎　*11, 13, 29*
野村一夫　*12*

ハ行

橋本公雄　*25*
長谷川伸　*35*
秦　美香子　*11, 13, 15, 19, 26, 29*
濱野智史　*42*
パリサー, E.　*34, 44*

フレイレ, P.　*3*

マ行

マクタイ, J.　*110*

村瀬公胤　*12*

師　茂樹　*29*

ヤ行

山内太地　*35*
山口恒夫　*12, 15*
山中昌幸　*73, 74, 76*
山本勝昭　*25*

●著者紹介

中 善則（なか よしのり）
花園大学文学部教職課程准教授。
担当：まえがき，1章，5章 1, 4

秦 美香子（はた みかこ）
花園大学文学部創造表現学科准教授。
担当：2章

野田 光太郎（のだ こうたろう）
花園大学文学部創造表現学科講師。
担当：2章

師 茂樹（もろ しげき）
花園大学文学部文化遺産学科准教授。
担当：3章

山中 昌幸（やまなか まさゆき）
NPO法人JAE理事長。花園大学非常勤講師。
担当：4章

西澤 直美（にしざわ なおみ）
花園大学就職課。JCDA認定CDA（キャリア・デベロップメント・アドバイザー）。
担当：4章コラム

角野 綾子（かくの あやこ）
夢みらい工房 教育コーディネーター。
担当：5章 2, 3

丹治 光浩（たんじ みつひろ）
花園大学社会福祉学部臨床心理学科教授。
担当：おわりに

＊本書は2014年度花園大学出版助成を受けて発行された。

私が変われば世界が変わる
学生とともに創るアクティブ・ラーニング

2015年 3月31日　初版第1刷発行

編　者　花園大学アクティブ・ラーニング研究会
発行者　中西健夫
発行所　株式会社ナカニシヤ出版
〒606-8161　京都市左京区一乗寺木ノ本町15番地
　　　　Telephone　075-723-0111
　　　　Facsimile　075-723-0095
　Website　http://www.nakanishiya.co.jp/
　Email　iihon-ippai@nakanishiya.co.jp
　　　　郵便振替　01030-0-13128

装幀＝白沢 正／印刷・製本＝ファインワークス
Copyright © 2015 by Y. Naka, M. Hata, K. Noda, S. Moro, M. Yamanaka, N. Nishizawa, A. Kakuno, & M. Tanji
Printed in Japan.
ISBN978-4-7795-0956-8

本書のコピー，スキャン，デジタル化等の無断複製は著作権法上の例外を除き禁じられています。本書を代行業者等の第三者に依頼してスキャンやデジタル化することはたとえ個人や家庭内での利用であっても著作権法上認められていません。